安徽财经大学服务安徽经济社会发展系列研究报告 2019

安徽城市发展研究报告 2019

周加来　周　慧　著

安徽财经大学县域经济研究所
安徽财经大学“城市与县域经济研究”学科特区

合肥工業大學出版社

编　委　会

安徽财经大学科研工作始终坚持立足安徽做学问、服务安徽出成果，特别重视立足地方和行业需求构建多层次智库平台。安徽经济社会发展研究院是安徽财经大学设立的研究安徽经济社会发展的专门研究机构，拥有安徽省人文社科重点研究基地、省级协同创新中心、省教育厅智库和安徽省重点智库四个省级科研平台。这些平台优化资源配置、聚合科研力量，鼓励和引导教师围绕安徽省委省政府的重大发展战略选题，深入研究安徽经济社会发展中的重点、热点和难点问题，着力破解制约安徽地方经济社会发展的重大理论和现实问题，为建设特色鲜明的地方高水平财经大学提供了有益的智力支持，取得了较为丰硕的成果并积累了丰富的经验。安徽经济社会发展研究院努力实现在安徽经济发展方面的理论基础、政策研究与实践应用的紧密结合，打造成为立足安徽、面向全国的财经智库。

安徽财经大学每年出版的服务安徽经济社会发展系列研究报告是由安徽经济社会发展研究院组织相关学院的专、兼职研究人员编写出版。我校 2006 年公开出版服务安徽经济社会发展的首部研究报告——《安徽经济发展报告》，2007 年《安徽省县域经济竞争力报告》发布，2010 年《安徽省贸易发展研究报告》出版发布，形成我校服务安徽经济社会发展的三大品牌报告。至 2019 年，年度研究报告增至十部，主要包括：《安徽生态文明建设发展报告 2019——新安江生态补偿机制专题报告》《安徽投资发展研究报告 2019》《安徽贸易发展研究报告

2019》《安徽劳动就业与社会保障发展报告 2019》《安徽城市发展研究报告 2019》《助力乡村振兴——安徽农产品加工业发展研究报告 2019》《安徽财政发展研究报告 2019》《安徽县域经济竞争力报告 2019》《安徽养老服务业发展报告 2019》《安徽经济发展研究报告 2019》等。

安徽财经大学服务安徽经济社会发展系列研究报告坚持稳定、控制数量、不断提升质量的指导思想，通过进入退出机制、激励机制、分级分类机制、合作机制、运行机制、评价机制和发布机制的改革，政策影响力和媒体影响力日益扩大。2016 年，安徽经济社会发展研究院成功入围中国智库索引首批来源智库，并获大学智库指数排名中的普通高校第一名。根据《中国智库索引（CTTI）2018 年发展报告》，2018 年安徽经济社会发展研究院入选 CTTI 高校智库百强榜。

纵观这十部研究报告可以看出，报告的组织者与撰写者都付出了辛勤的劳动和不懈的努力。当然，我们也清醒地认识到，报告还存在这样或那样的缺点，与政府部门领导和社会各界对我们的期望还有相当大的差距，学校应当在智库建设方面做得更多、更好。我们坚信，只要坚持走下去，只要继续得到社会各界的关心和帮助，系列研究报告一定会越做越好！学校的智库建设也将结出更多的硕果！

安徽财经大学党委书记、校长　丁忠明

2019 年 4 月 20 日

改革开放以来，我国经济社会取得了举世瞩目的成就，城镇化快速推进，人口城镇化水平由1978年的17.92%增长到2018年底的59.58%。安徽省依托中部崛起、融入长三角一体化等国家发展战略，经济社会也取得了突出成就。截至2018年底，人口城镇化率达到54.69%。现阶段，由于资源环境压力加大，潜在增长率下降，外部环境日益复杂，国内外需求疲弱，加之部分行业产能过剩以及资源、能源、环境约束趋紧，传统的依靠投资和进出口拉动、重规模轻结构、重速度轻质量的发展路径不可持续，中国经济进入由规模速度型增长模式向质量效率型增长模式转变的阶段。

城市作为人才、技术、创新的摇篮，是一国或地区经济增长的引擎，不了解城市，就不可能真正了解经济活动。越来越多的文献研究发现城市层面的经济活动，尤其是城市间要素流动、劳动力迁移具有一定的特殊性，例如，城市规模具有工资溢价效应，这种特征在其他层面不显著甚至不存在。城市作为经济发展的基本单元，其可持续和绿色发展关系到宏观经济的整体运行。当前，以人的城镇化为核心的发展道路被赋予了更加丰富而深刻的内涵，认真梳理安徽省各地市经济社会发展现状，妥善解决城镇化过程中出现的各种难题，努力提高城市群的辐射带动作用，促进安徽省经济社会和城镇化的健康发展，是当前城市发展面临的重要课题。

安徽财经大学县域经济研究所致力于安徽省城市与县域经济发展问题研究，在服务安徽经济方面取得显著成效，连续13年发布的《安徽县域经济竞争力评价报告》得到社会各界的广泛好评。自2015年开始推出的《安徽城市发展研究报告》，为安徽城市经济发展和地方政府决策提供有价值的参考依据。本书内容共分为五章，具体安排如下：

第一章是安徽城市经济发展总体概况。通过对安徽城市经济发展的总体概况进行分析，并与中部城市以及长三角城市进行比较，以明确当前经济社会发展的优势和不足。

第二章是安徽城市竞争力评价。通过分析比较安徽省16个地市的综合竞争力、产业竞争力、可持续发展能力、城市创新能力、城乡融合发展能力、城市生态环境质量，客观评价各地市的经济发展水平和发展潜力，为制定科学的城市发展战略提供决策依据。

第三章是安徽新型城镇化研究。从城镇化进程不断加快、地市城镇化水平、城镇化空间布局逐步完善、农业转移人口市民化、城镇建成区面积、城镇可持续发展能力、城乡融合发展七个方面研究安徽省城镇化的发展现状以及从区位与资源、产业支撑、新型工业市场推动力、土地城镇化与人口城镇化、城镇化与工业化五个方面描述安徽省城镇化的发展机遇与挑战，概括安徽省城镇化发展的总体情况。另外，通过构建时间跨度为2012—2017年的综合评价体系对安徽省新型城镇化发展的质量水平进行测算以及从时空演变的角度分析研究。

第四章是安徽城市群发展研究。通过对安徽省城市群发展现状分析，从主体功能区规划，梳理安徽省的三大城市群（圈）——合肥都市圈、皖江城市带、皖北城市群，对三大城市群（圈）的整体概况进行了分析，从综合发展实力、产业结构、经济联系及经济密度方面对三大城市群（圈）进行对比分析。

第五章是总结及政策建议。报告结果显示，安徽省城市的经济社会发展保持着稳中有进、稳中向好的良好态势，呈现出巨大的发展潜力，主要经济指标增幅在全国处于领先地位，城市经济规模稳步提升。

结构不断优化，创新驱动发展成效凸显，经济发展潜在动力不断提升。但省会城市虹吸效应显著，城市间发展差距较大。各地市城镇化进程显著加快，空间布局逐步完善，本章基于所做分析提出相应政策建议。

最后，报告的编写得到了安徽省委宣传部、安徽省发展和改革委员会、安徽省经济和信息化委员会、安徽省教育厅、安徽财经大学各级领导的大力支持，在此表示感谢。感谢校内外专家的建设性修改建议以及区域经济学专业研究生在数据搜集整理、文字校对等方面的辛勤工作。由于作者水平有限，加之编写时间仓促，书中错误和遗漏之处，恳请各位专家学者、领导不吝指正，以便我们进一步完善。

周加来　周　慧

2019 年 4 月

MU LU

第一章　安徽城市经济发展总体概况

党的十八大以来，面对世界经济复苏乏力、局部冲突和动荡频发、全球性问题加剧的外部环境，我国经济发展进入新常态，坚持稳中求进的工作总基调，迎难而上，开拓进取，改革开放和社会主义现代化建设取得了历史性成就。党的十九大报告强调，发挥优势推动中部地区崛起，加强创新能力开放合作，形成陆海内外联动、东西双向互济的开放格局，建立更加有效的区域协调发展新机制，实施区域协调发展战略。

伴随着国家中部崛起战略的实施和深化以及融入长三角城市群、长江经济带等区域发展平台，安徽省经济社会发展取得了突出成就，在经济增长、产业结构、财政金融、投资贸易、科技创新等方面有着较大的发展前景，但省内城市与长三角城市相比仍存在较大差距，面临的任务和挑战仍非常艰巨。本章将对安徽城市经济发展的总体概况进行分析，并与中部以及长三角城市进行比较，以明确当前经济社会发展的优势和不足，从综合实力、产业结构、城市建设、经济活力、社会事业等方面揭示安徽省城市经济运行状况。

第一节　安徽城市经济总体运行概况

2017 年，全省人民更加紧密地团结在以习近平同志为核心的党中央周围，坚持稳中求进的工作总基调，自觉践行新发展理念，全面实施五大发展行动计划，攻坚克难，开拓进取，保持了经济平稳健康发展，美好安徽建设迈出坚实步伐。本节主要从 2017 年安徽省地区生产总值、人均生产总值及增长率，2013—2017 年安徽省财政收支、规模以上工业企业数及增长率，规模以上工业增加值及增长率，社会消费品零售总额及增长率，进出口总额及增长率，固定资产投资总额及增长率，金融机构存贷款总额及增长率，三次产业占地区生产总值百分比，第一产业地区生产总值及增长率，农、林、牧、渔业生产总值，第二产业生产总值及增长率，第三产业生产总值及增长率，第三产业内部各产业生产总值，城市建设项目，邮政和通信项目，城镇化率，工业 R&D 项目情况，研究与试验发展活动企业数及比重，项目投资建设规模及投产个数，教育卫生机构，医疗保险参保人数及基金累计结余，社会保障项目参保人数等方面对安徽省各地市的经济发展指标进行比较与分析。

一、城市经济发展水平稳步提升

2017 年，安徽省生产总值（GDP）达 27518.7 亿元，增长率为 8.5%，其中安徽省各市辖区生产总值达 14844.65 亿元，占全省生产总值的 53.9%。人均生产总值达 43401.36 元。全省全年地方财政收入达到 2812.45 亿元，增幅为 5.2%，其中，城市财政收入占比为 55.8%，增幅为 4.6%。全省规模以上工业企业总数达到 18883 个，城市规模以上工业企业总数为 6755 个，总占比为 35.8%，上涨 0.4%。城市社会消费品零售总额达到 6513.43 亿元，比上年增长 9.6%。城市固定资产投资总额达到 14669.91 亿元，增长 4.3%。2017 年安徽省城市人民币住户存款余额为 9388.76 亿元，占全省人民币住户存款余额的 45.7%，增长率为 7.9%。总体来看，安徽省城市经济总量和占比均处于上升阶段，经济实力进一步提升。

（一）城市经济总量占比持续上升

如图 1-1 所示，2017 年，安徽省各地市辖区生产总值排名中，省会城市合肥依然高居榜首，为 4812.48 亿元，且仍保持 14.8% 的增速。全省范围内，16 个地市市辖区范围内均保持 10% 以上的增长速率，马鞍山市、铜陵市和滁州市增速分别为 17.6%、17.2% 和 15.8%，位列前三位。池州市、宣城市、黄山市 2017 年生产总值排名靠后，但均超过了 300 亿元，黄山市的增速达到了 13%。2017 年全省 16 个地市的生产总值均呈现较高速增长，经济运行态势良好。

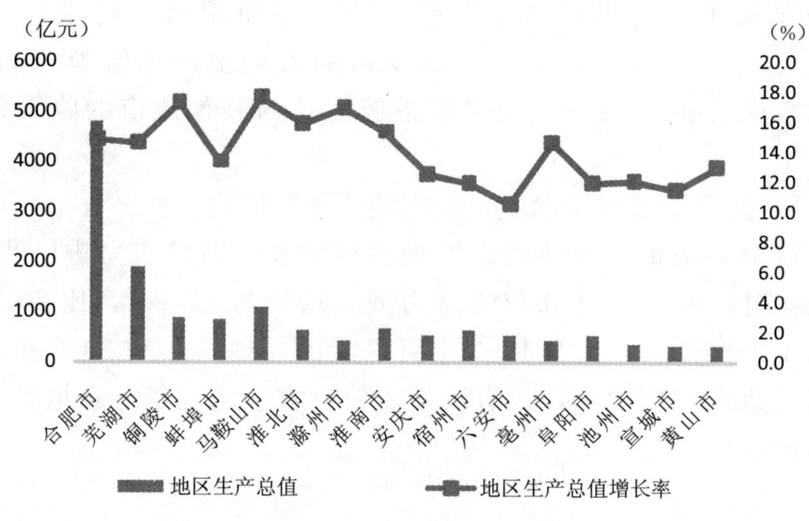

图 1-1　2017 年安徽省各地市生产总值及增长率

如图 1-2 所示，2017 年，安徽省人均生产总值达 44206 元，比上年增加 4645 元。其中合肥市、芜湖市的人均生产总值均超过 80000 元，合肥市的人均生产总值最高为 88456 元，增长率为 10.38%。芜湖市人均生产总值为 80458 元，增长率为 9.15%。马鞍山市人均生产总值为 74709 元，增长率为 13.48%。铜陵市人均生产总值为 69935 元，增长率为 16.64%。人均生产总值最低的三个城市

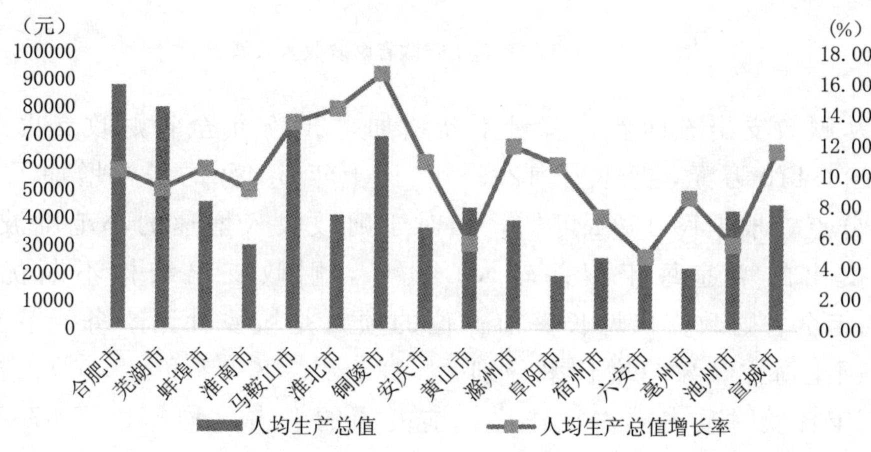

图 1-2　2017 年安徽省各地市人均生产总值及增长率

分别为阜阳市、亳州市和六安市。2017 年阜阳市人均生产总值为 19536 元，增长率为 10.74%。六安市的人均生产总值为 23298 元，增速也仅保持在 4.76%，要采取措施防止与其他地市的收入差距进一步扩大。

（二）地方财政持续增长，支出结构不断优化

2017 年，安徽省财政收入实现持续增长，财政实力进一步增强。全省全年财政收入达到 48575503 万元，增幅为 11.1%，比 2016 年上升了 2.1 个百分点。从图 1-3 中可以看出，2013 年和 2017 年的增长率较高，达到 11%以上，虽有波动，但一直呈增长趋势且增长率保持在较高的水平。

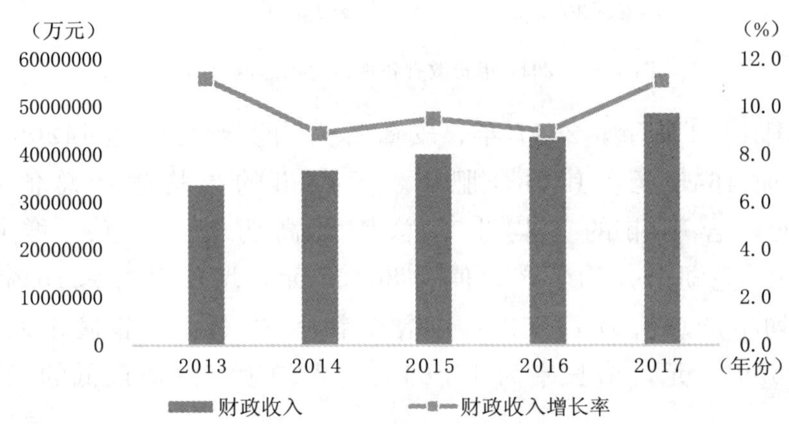

图 1-3 2013—2017 年安徽省财政收入及增长率

从财政支出方面看，总量不断增加，2017 年全省财政支出总额为 62038110 万元，增长了 12.3%，比上年 5.4%的增幅增加了 6.9 个百分点。根据图 1-4 可知，相对于财政收入增速的小范围波动，财政支出的增速每年相差较大。此外，财政支出结构不断优化，2017 年全省财政支出增长率前三位的项目是城乡社区事务、节能环保、国土海洋气象，增长率分别为 51.5%、48.8%和 39.0%。按照 2017 年各项财政支出占比排序，前五项的总占比均超过了 67.2%，分别是教育、城乡事务、社会保障和就业、农林水事务、医疗卫生与计划生育，支出金额分别为 10149069 万元、10137971 万元、

8625260 万元、6819092 万元、5977440 万元，这在一定程度上体现了在脱贫攻坚和促进城镇化过程中，财政政策以人为本的导向。科学技术支出为 2604129 万元，增长 0.4%。文化体育与传媒支出为 809365 万元，增长率为－3.91%。交通运输支出为 2303742 万元，增长率为－32.51%。总体来看，安徽省的财政支出结构仍需进一步优化，在保障居民生活的便利性和舒适性的同时，为经济社会的创新持续发展提供必备的健康支持和智力保障。

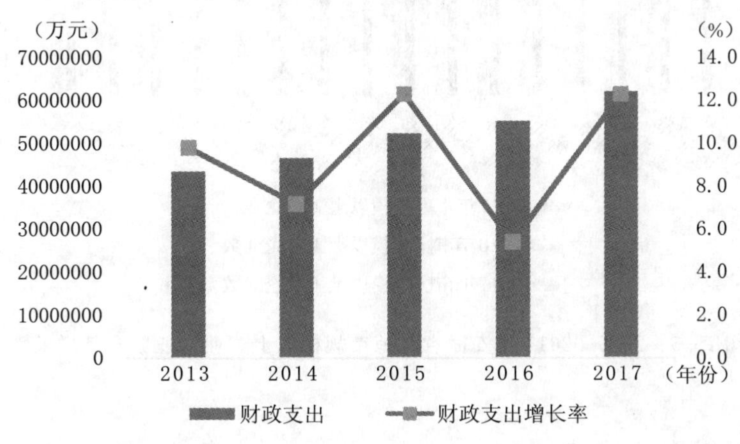

图 1－4 2013—2017 年安徽省财政支出及增长率

（三）市区工业企业持续向外转移，工业生产总值稳定增长

如图 1－5 所示，2017 年安徽省工业经济持续健康发展，全省规模以上工业企业总数达到 18883 个，比 2016 年减少 955 个。除亳州市、滁州市、宿州市、铜陵市、阜阳市外，各地市辖区规模以上工业企业数均呈下降趋势，马鞍山市下降 18.2%，蚌埠市下降 9.9%，合肥市下降 9.1%，安庆市下降 7.7%，淮北市下降 7%。总体来看，安徽省市辖区工业企业持续向周边转移。

如图 1－6 所示，2017 年安徽省各地市辖区工业生产总值总体呈上升趋势，合肥市工业生产总值为 6456.07 亿元，同比增长 6.5%；芜湖市工业生产总值为 3818.44 亿元；铜陵市工业生产总值为 2525.02 亿元，增速排名第一。2017 年安徽省各地市工业生产总值中，铜陵市、亳州市、滁州市、安庆市、马鞍山市和淮南市 6 个城市保持 10%

以上增速，铜陵市和亳州市分别以 24.7%和 22.7%排在前两位。芜湖市、黄山市、六安市和阜阳市工业生产总值增长率为负。

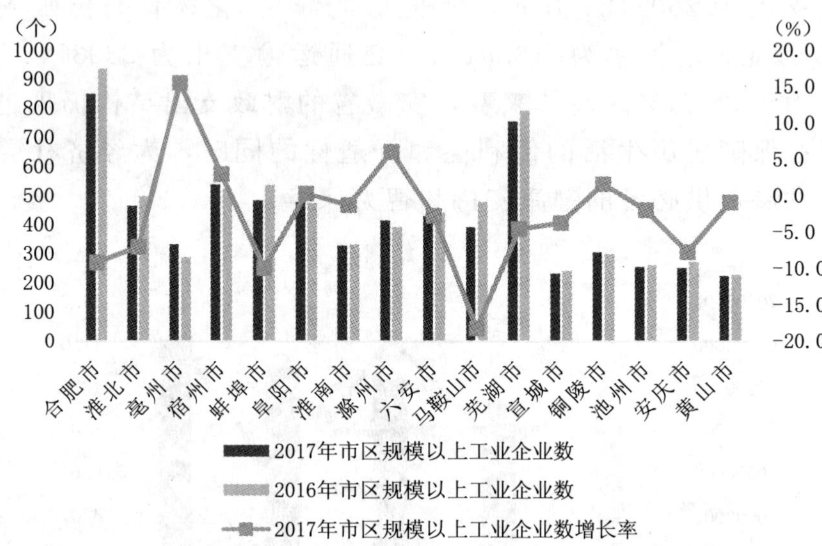

图 1-5 2016—2017 年安徽省各地市规模以上工业企业数及其增长率

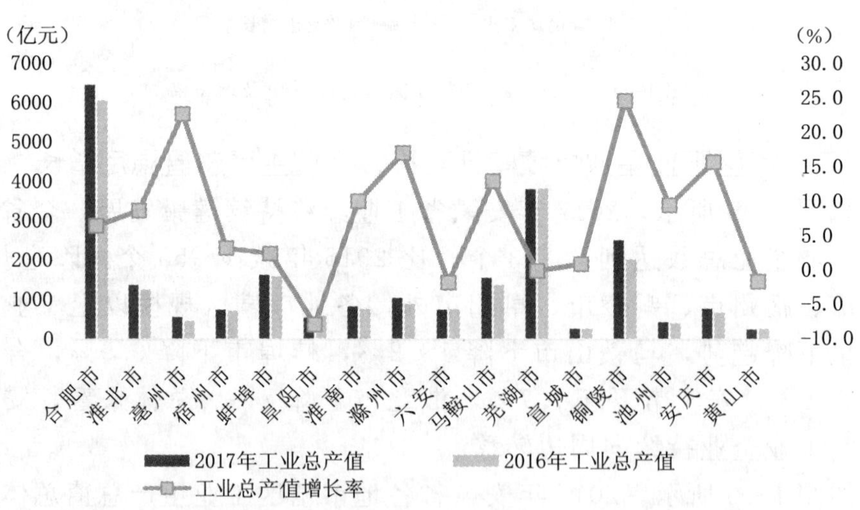

图 1-6 2016—2017 年安徽省各地市辖区工业生产总值及增长率

（四）投资贸易平稳运行

如图 1-7 所示，2017 年安徽省社会消费品零售总额为 111926255

万元，增长率为11.9%。从各地市社会消费品零售总额来看，合肥以27285104万元排名第一，芜湖市为9308637万元，阜阳市为8520195万元，安庆市为7641675万元，蚌埠市为7251307万元，六安市为6048134万元，这几个城市均达到了600亿元以上规模。从各地市社会消费品零售总额增速来看，各个城市的社会消费品零售总额增速都在10%以上，增长率最高的蚌埠市为12.6%，其次马鞍山市为12.5%。

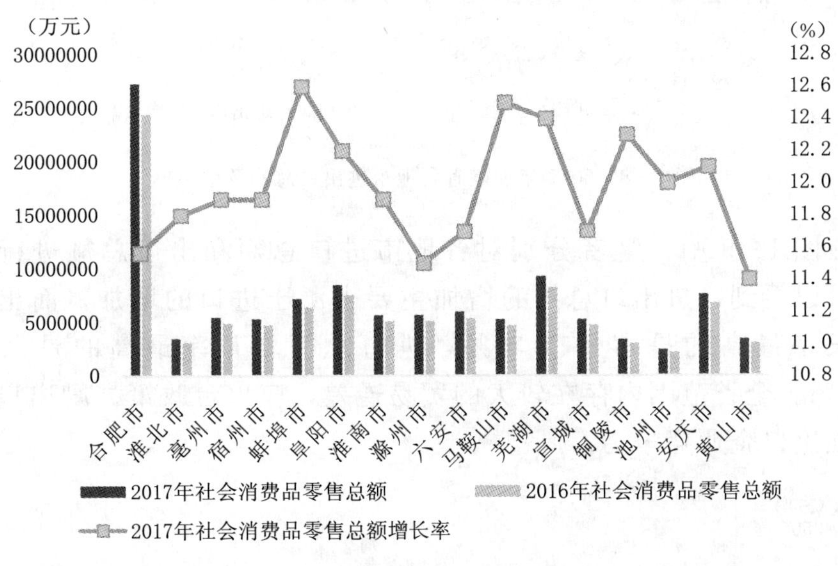

图1-7　2016—2017年安徽省各地市社会消费品零售总额及增长率

2017年安徽省进出口总额达到5363607万美元，相对于2016年增长20.9%，其中，出口总额增长率为7%，进口总额增长率为45.7%，全省进出口主要增加额来源于进口。如图1-8所示，各地市之间的进出口总额差距较大，合肥市进出口总额最高为2495869万美元，是贸易进出口的主要城市。其次是芜湖市为637683万美元，铜陵市进出口总额达到554566万美元，马鞍山市达到380465万美元，滁州市达到277479万美元，蚌埠市达到177126万美元，安庆市达到138991万美元，而最低的淮南市只有29925万美元，各地市之间的进出口贸易总额差距较大。

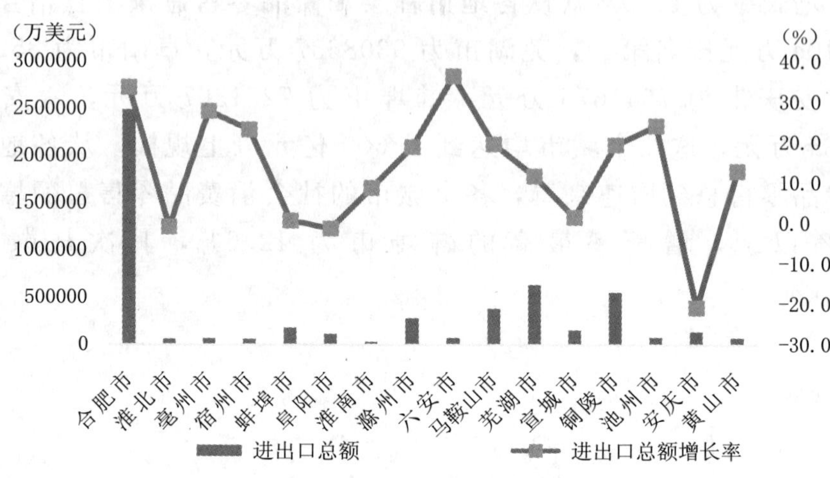

图 1-8　2017 年安徽省各地市进出口总额及增长率

在图 1-9 中，笔者分别对各地市进口总额和出口总额进行了对比，可以看到，进出口总额的增加主要来源于进口的增加，而出口总额增长率最高的是宿州市 31%，进口总额增长率最高的是六安市 308.8%。全省范围内存在较大的贸易逆差，应出台政策鼓励出口，不断增强出口企业竞争力。

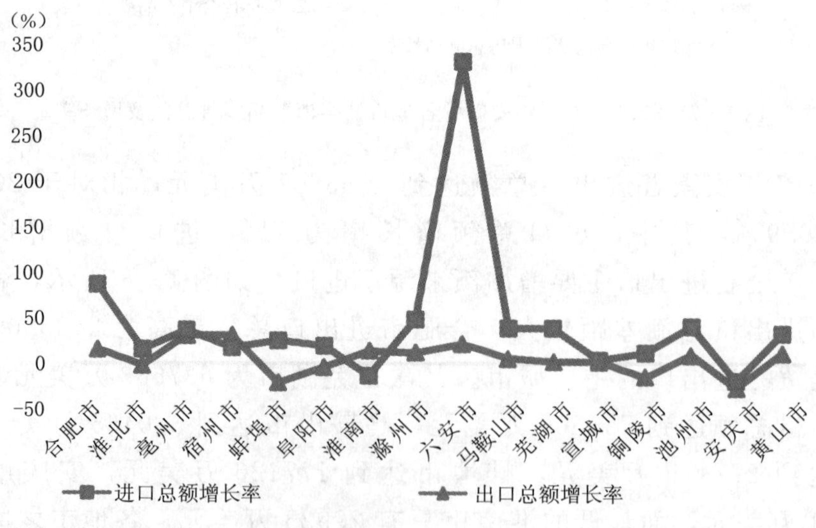

图 1-9　2017 年安徽省各地市进口总额和出口总额增长率对比

全省固定资产投资也显著增长，如图 1－10 所示，相对于 2016 年，2017 年安徽省固定资产投资总额增长 9.07%，总值达到 29185.96 亿元。各地市固定资产投资比较中，合肥市居首位，为 3673.29 亿元，增长率为－11.8%；其次是芜湖市为 1988.16 亿元，增长 9.6%；最低为宣城市的 273.76 亿元，增长 15.1%。亳州市 2017 年固定资产投资额增速为 26.3%，排名第一。

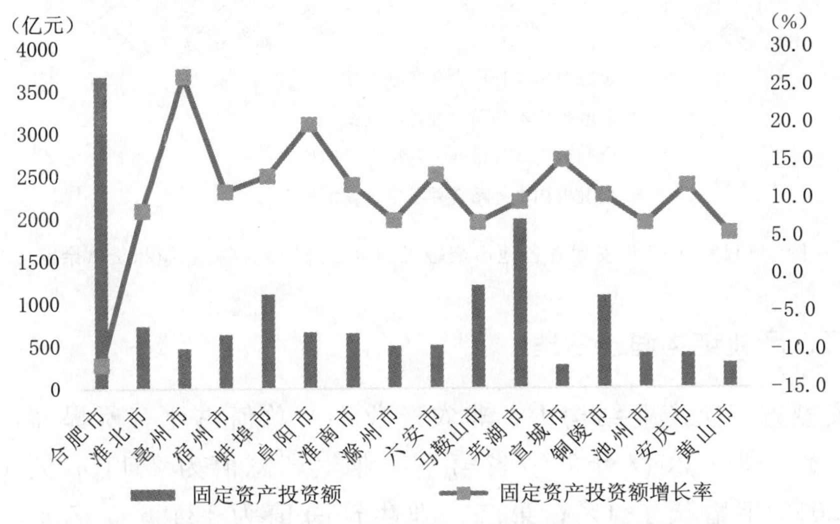

图 1－10　2017 年安徽省各地市固定资产投资额及增长率

2017 年安徽省各地市金融机构（含外资）本外币合并信贷收支都有显著增长，合肥市存款余额和贷款余额最大，合肥市金融机构本外币合并各项存款总额为 142354059 万元，相对于 2016 年增长 5.6 个百分点；金融机构本外币合并各项贷款余额为 134012188 万元，相对于 2016 年增长了 11.1 个百分点。池州市的金融机构本外币合并各项存款余额和贷款余额最低，分别为 9518681 万元和 5629076 万元；六安市的金融机构本外币合并各项存款增速最高，为 17.1%；蚌埠市金融机构本外币合并各项存款增速最低，为 5.1%。金融机构本外币合并各项贷款增速最高的是阜阳市 30.9%，最低的是铜陵市 9.1%（图 1－11）。

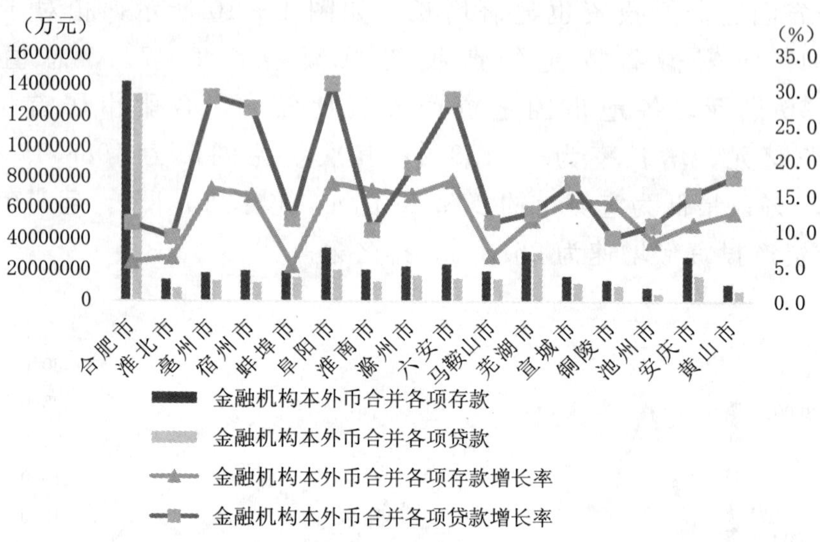

图 1-11　2017 年安徽省各地市金融机构（含外资）存款总额和贷款余额

二、产业结构趋于合理

安徽省三次产业结构中，非农产业生产总值占比有所提高，产业结构日趋合理。2017 年安徽省第一产业生产总值为 2611.7 亿元，相对于 2016 年增长了 4%；第二产业生产总值为 13486.6 亿元，增长 8.6%，其中，工业生产总值为 11514.8 亿元，建筑业生产总值为 1993.4 亿元；第三产业生产总值为 11420.4 亿元，相对于 2016 年增长率为 9.7%。总体来看，安徽省产业结构日渐合理，三大产业均不断增长，经济发展稳中有进。

（一）产业结构优化升级

安徽省三次产业结构由 2016 年的 10.5∶48.4∶41.1 演变到 2017 年的 9.5∶49.41∶41.5，第一产业和第二产业占比略微下降，第三产业占比有明显提升，产业结构日趋合理。第二产业占比最大，表明工业仍然是我省经济发展的重要支柱。阜阳市、宿州市和亳州市第一产业占比相对来说较大，阜阳市作为农业生产大市，产业结构为19.8∶41∶39.2，第一产业占比远远高于全省平均水平；铜陵市、淮北市和马鞍山市的第二产业占比相对比较大，其作为矿产资源型城市，三次产业结构分别为 4.4∶61.6∶34.0、6.9∶56.6∶36.5 和 5.0∶56.2∶38.8，相比 2016 年，第一产业比重均略有下降，第二、第三产业比重稍有上升。黄山市、合肥市和宿州市第三产业占比相对较大，黄山市三次产业结构为 9.4∶36.3∶54.3，宿州市三次产业结构为 17.6∶36.7∶45.7（图 1-12）。

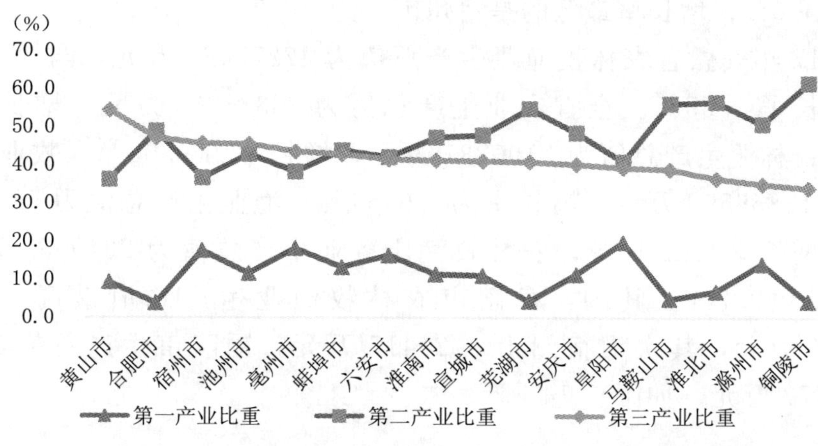

图 1-12　2017 年安徽省各地市三次产业占 GDP 百分比

（二）第一产业生产总值分析

如图 1-13 所示，2017 年安徽省第一产业生产总值为 2611.7 亿元，相对于 2016 年增长 4%。其中阜阳市作为省重点粮食生产市，第一产业

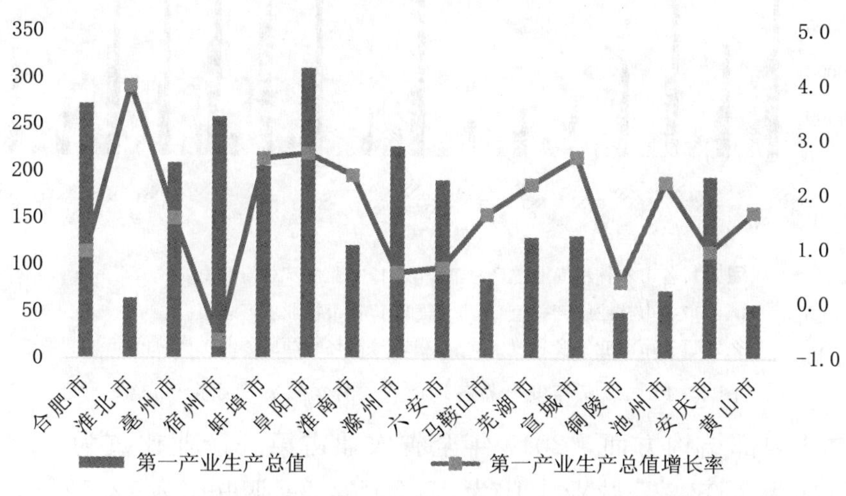

图 1-13　2017 年安徽省各地市第一产业生产总值及增长率

生产总值保持全省最高，为310.67亿元，其他第一产业生产总值在200亿元以上的城市有合肥市为272.75元，宿州市为258.45亿元，滁州市为226.79亿元，亳州市为209.41亿元，蚌埠市为205.33亿元。相对于2016年，2017年全省除了宿州市第一产业生产总值增长率有所下降外，其余各地市第一产业生产总值均处于增长态势，增长率最高的是淮北市，为4.0%；增长率最低的是宿州市，为—0.7%。

2017年安徽省农林牧渔业生产总值为47275462万元，与2016年相比增长了1.55%。全省农业生产总值为23336260万元，增长率为4.45%；林业生产总值为3190831万元，增长率为9.62%。牧业生产总值为12856598万元，增长率为—6.54%；渔业生产总值为5242719万元，增长率为2.17%；农林牧渔服务业生产总值为2649054万元，增长率为9.7%。其中，阜阳市农林牧渔业生产总值最高，达到6214765万元，其次为宿州市5020417万元，铜陵市生产总值最低，为829777万元，如图1-14所示。

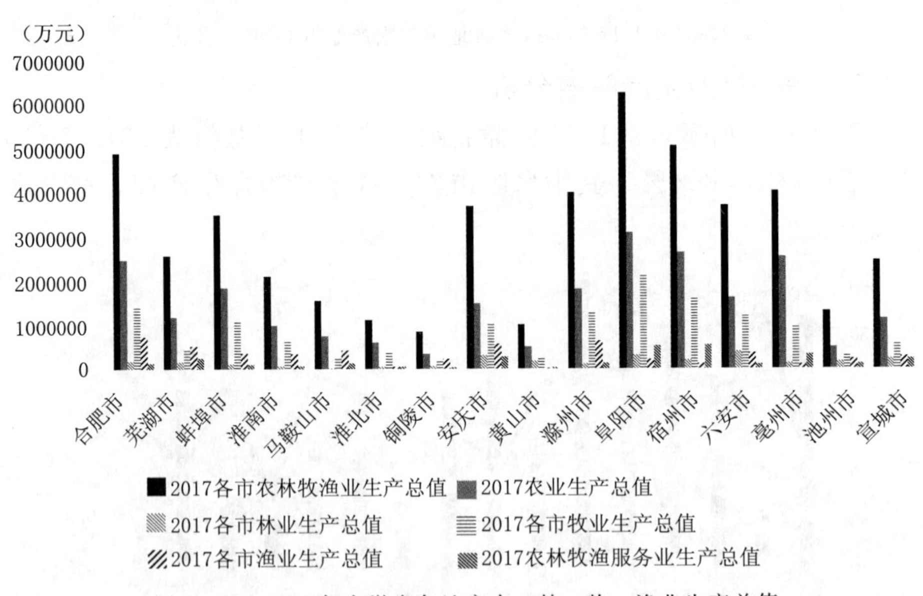

图1-14 2017年安徽省各地市农、林、牧、渔业生产总值

农业内部结构方面，2017年全省农业占第一产业比重为51.71%，林业占比为8.02%，牧业占比为22.70%，渔业占比为12.57%，农林牧渔服务业占比为5.0%。芜湖市农业内部结构较为均衡，分别为

45.62%、7.06%、16.63%、22.43%、8.25%，其农林牧渔服务业占比远高于全省其他地市。在农业占比方面，省内差距较大，但农业都占据了最大的比重。亳州市因其位于平原地区，农业发展条件优越，农业占比达到 67.81%。宿州市农业占比 56.28%，淮北市农业占比 55.24%，池州市农业占比最低，为 38.46%。黄山市林业占比远高于其他地市，达到 21.17%，其次是池州市（16.29%），最低是马鞍山市（1.50%）。牧业占比最高的是淮北市（31.99%），其次是蚌埠市（29.64%），最低是马鞍山市（13.25%）。渔业占比最高的是马鞍山市，达到 29.51%，其次是铜陵市（28.33%），而宿州市、黄山市和亳州市的渔业占比都比较低。农林牧渔服务业占比最低的是合肥市的 2.5%。

（三）第二产业生产总值分析

2017 年安徽省第二产业生产总值为 13486.6 亿元。如图 1－15 所示，合肥市第二产业生产总值最高，达到 3432.67 亿元，其次是芜湖（1623.4 亿元），马鞍山市、安庆市、滁州市、铜陵市、蚌埠市、阜阳市第二产业生产总值也都达到了 600 亿元以上。在各地市的第二产业生产总值中，工业生产总值都占据了大部分比重。工业生产总值和建筑业生产总值排名前三的均依次是合肥市、芜湖市和马鞍山市。

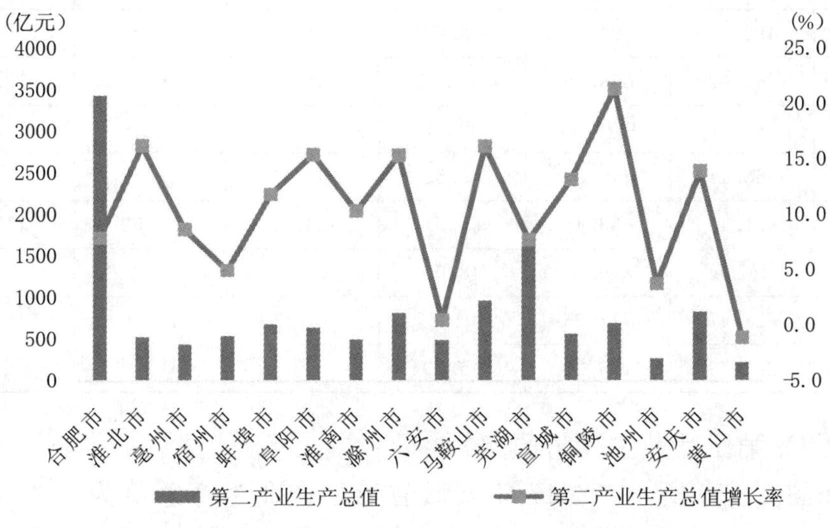

图 1－15　2017 年安徽省各地市第二产业生产总值和增长率

从增长率来看，全省第二产业生产总值增长率为 10.77%，工业生产总值增长率为 10.88%，建筑业生产总值增长率为 10.21%。第二产业生产总值增长率最高的铜陵市为 21.4%，其次为淮北市（16.2%）；工业生产总值增长率最高的为铜陵市（22.52%），最低的为六安市，负增长 0.93%；建筑业生产总值增长率最高的为亳州市（16.63%），淮北市和黄山市为负增长，见表 1－1 所列。

表 1－1 2017 年安徽省各地市第二产业生产总值及增长率

城 市	第二产业生产总值（亿元）	工业生产总值（亿元）	建筑业生产总值（亿元）	第二产业生产总值增长率（%）	工业生产总值增长率（%）	建筑业生产总值增长率（%）
合肥市	3432.67	2758.81	676.73	7.90	7.65	8.95
淮北市	523.18	484.33	39.32	16.2	17.79	－0.28
亳州市	440.11	359.77	80.49	8.69	7.05	16.63
宿州市	538.29	452.37	85.92	4.96	3.10	16.03
蚌埠市	681.30	581.87	99.43	11.85	11.24	15.54
阜阳市	643.87	557.62	86.36	15.43	15.52	14.85
淮南市	501.64	428.48	75.45	10.34	11.74	3.10
滁州市	815.91	715.55	100.36	15.37	15.86	11.93
六安市	493.06	404.43	88.63	0.5	－0.93	7.57
马鞍山市	961.42	858.56	103.01	16.2	16.60	12.84
芜湖市	1623.4	1475.17	166.95	7.77	7.95	12.14
宣城市	568.45	490.87	83.55	13.2	13.78	9.80
铜陵市	691.45	633.49	61.51	21.4	22.52	11.15
池州市	267.5	219.85	48.09	3.75	3.62	4.52
安庆市	828.47	727.63	101.87	13.93	13.59	16.44
黄山市	221.79	176.20	45.89	－1.08	0.01	－5.03

（四）第三产业生产总值分析

如图 1－16 所示，2017 年安徽省第三产业生产总值为 11420.4 亿元，相对于 2016 年增长 16.44%。其中合肥市的第三产业生产总值达到 3297.63 亿元，占据了全省的 28.43%；其次是芜湖市，第三产业生产总值达到 1210.19 亿元；最低的是池州市的 284.12 亿元。在增长率方面，增长最快的城市是淮北市，达到 17.2%；其次是合肥市 16.81%，宿州市的增长率为 15.7%，蚌埠市的增长率达到 15.1%，亳州市的增长率达到 15.0%，滁州市的增长率达到 14.6%，马鞍山市的增长率达到 13.9%。除池州市增长率为 9.26%之外，其他几个城市的增长率也都在 10%以上。

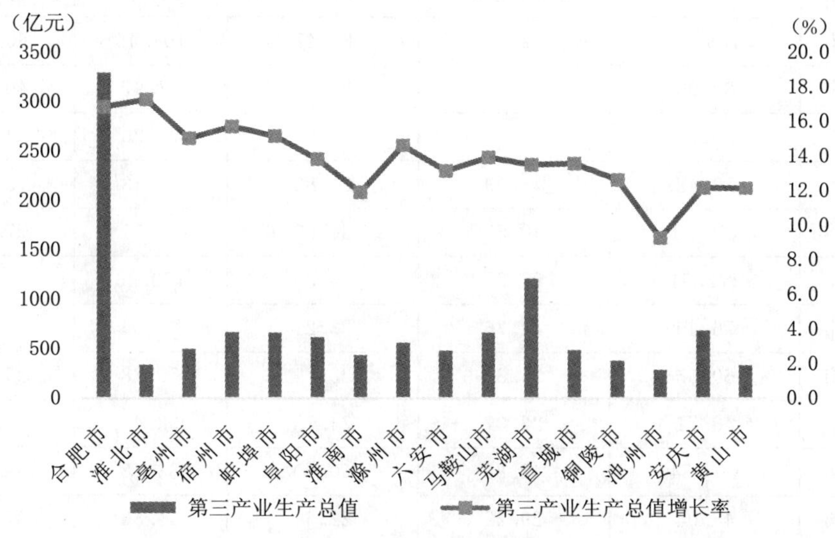

图 1-16　2017 年安徽省各地市第三产业生产总值及增长率

从安徽省第三产业内部结构来看，各地市之间差距较大。合肥市综合来看排名第一，芜湖市排名第二。在批发零售业生产总值方面，合肥市、芜湖市、阜阳市、马鞍山市、安庆市和宿州市位居前列，均超过 100 亿元。在交通运输、仓储和邮政业生产总值方面，合肥市、芜湖市和滁州市位居前列，均超过 50 亿元。在住宿和餐饮业生产总值方面，合肥市、芜湖市和安庆市排名靠前，均超过 50 亿元。金融业生产总值方面，合肥市和芜湖市分别为第一名和第二名，均超过 100 亿元。在房地产业生产总值方面，合肥市、芜湖市、蚌埠市、六安市、安庆市、马鞍山市和宿州市排名靠前，均在 60 亿元以上，见表 1-2 所列。

表 1-2 2017 年安徽省各地市第三产业内部各产业生产总值 (亿元)

城 市	批发零售业	交通运输、仓储和邮政业	住宿和餐饮业	金融业	房地产业
合肥市	514.40	241.98	108.88	489.55	440.21
淮北市	56.92	29.56	14.79	43.90	38.20
亳州市	83.04	38.49	22.31	59.07	62.35
宿州市	101.64	42.12	30.87	90.42	68.85
蚌埠市	98.19	53.98	37.91	66.16	90.55
阜阳市	108.16	52.13	26.47	103.45	60.58
淮南市	80.03	40.88	26.12	47.97	40.97
滁州市	85.67	55.85	27.86	70.26	64.66
六安市	79.42	43.03	25.82	74.43	75.52
马鞍山市	120.11	40.50	34.93	72.11	77.19
芜湖市	172.64	92.27	55.39	173.26	99.33
宣城市	76.46	42.76	23.21	67.85	45.46
铜陵市	60.66	35.38	23.79	56.28	35.36
池州市	43.71	22.07	24.78	38.41	23.00
安庆市	113.34	42.88	60.90	83.78	69.16
黄山市	48.04	29.22	22.64	34.80	37.36

三、城市建设成效突出

城市建设是城市稳定持续发展的基础，也是城市综合实力的体现和城市居民生活水平提高的重要组成部分，稳步推进城市建设项目的全面持续发展，对于城市经济的总体提升有着重要作用。2017 年全省城市项目建设稳步推进，城市设施不断完善，邮政通信方面的工作也有很大进展。

(一) 城市建设高水平推进

2017 年，全省城市建设用地面积共有 2001.94 平方千米，其中合肥市城市建设用地面积最大，为 446.00 平方千米，占比为 22.27%，见表 1-3 所列。除合肥市外，城市建设用地面积大于 100 平方千米的城市分别是蚌埠、阜阳、淮南、芜湖和安庆。在年末实有道路长度方面，全省共计 13997 千米，其中合肥市排名第一，为 2527 千米；其次是芜湖市，为 1510 千米。在城市排水管道方面，全省排水管道长 29108 千米，其中合肥市的排水管道长度位居第一，为 7485 千米。除合肥市外，排水管道长度在 1000 千米以上的城市有亳州市、蚌埠市、阜阳市、滁州市、马鞍山市、芜湖市、铜陵市和安庆市。在城市用水普及率方面，2017 年安徽省城市用水普及率为 99.43%，蚌埠市、滁州市、马鞍山市、芜湖市、铜陵市、安庆市和黄山市达到了 100%的普及率。在城市燃气普及率方面，2017 年安徽省的城市燃气普及率为 98.57%，蚌埠市、滁州市、马鞍山市、芜湖市、宿州市、铜陵市和黄山市达到了 100%的普及率。在人均城市道路面积方面，2017 年全省的人均城市道路面积为 22.19 平方米，其中滁州市的人均城市道路面积最大，为 41.22 平方米，其次是亳州市为 34.76 平方米。最低的是铜陵市，仅有 14.08 平方米。在人均公园绿地面积方面，2017 年全省城市人均公园绿地面积为 14.32 平方米，其中，铜陵市的人均公园绿地面积最高，为 18.49 平方米，最低的是阜阳市，为 13.13 平方米。2017 年安徽省城市污水处理率为 97.30%，其中，合肥市城市污水处理率最高为 99.72%，其次是蚌埠市的 99.51%，最低的是安庆市的 92.14%。2017 年安徽省城市生活垃圾无害化处理率为 99.94%，14 个地市生活垃圾无害化处理率均达到 100%。从整体来看，16 个地市之间的建设差距较大。

表 1-3 2017 年安徽省各地市城市建设项目

城 市	城市现状建设用地面积（平方千米）	年末实有道路长度（千米）	城市排水管道（千米）	城市用水普及率（%）	城市燃气普及率（%）	人均城市道路面积（平方米）	人均公园绿地面积（平方米）	城市污水处理率（%）	城市生活垃圾无害化处理率（%）
合肥市	446.00	2527	7485	99.81	99.64	17.97	13.97	99.72	100
淮北市	93.91	584	800	99.19	98.62	17.32	16.70	98.06	100
亳州市	69.00	456	1217	98.01	99.15	34.76	14.14	96.60	100
宿州市	80.22	836	918	98.56	100	31.51	13.59	98.98	99.96

（续表）

城　市	城市现状建设用地面积（平方千米）	年末实有道路长度（千米）	城市排水管道（千米）	城市用水普及率（%）	城市燃气普及率（%）	人均城市道路面积（平方米）	人均公园绿地面积（平方米）	城市污水处理率（%）	城市生活垃圾无害化处理率（%）
蚌埠市	143.36	899	1266	100	100	20.70	13.21	99.51	100
阜阳市	127.07	841	1090	96.10	91.71	25.14	13.13	96.85	100
淮南市	104.16	823	755	99.98	99.98	16.46	13.85	96.00	100
滁州市	86.94	724	2015	100	100	41.22	13.88	96.79	100
六安市	77.80	544	759	99.67	98.48	25.09	14.88	98.42	100
马鞍山市	90.10	509	1580	100	100	19.92	14.98	97.81	100
芜湖市	169.61	1510	2934	100	100	24.82	13.26	94.38	100
宣城市	57.81	458	844	99.02	98.49	32.52	14.92	95.10	100
铜陵市	80.87	347	1481	100	100	14.08	18.49	92.99	99.96
池州市	38.55	447	762	99.58	99.61	25.62	17.45	94.46	100
安庆市	101.91	483	1457	100	99.38	16.30	14.25	92.14	100
黄山市	55.74	530	807	100	100	22.83	14.84	96.03	100

（二）邮政通信快速发展

2017 年安徽省在邮政通信方面的工作继续稳步推进，见表 1－4 所列。2017 年全省共有邮政局（所）1937 处，与 2016 年基本持平。其中，最多的是阜阳市 196 处，其次是合肥市有 185 处，最低的是淮北市 47 处。2017 年安徽省互联网建设进一步发展，全省固定互联网宽带接入用户达 1323.65 万户，同比增长 23.1%。合肥有 258.16 万户接入固定互联网，占全省的 19.5%，其次为芜湖 91.03 万户，除铜陵市、黄山市、池州市外，其他城市均达到 50 万户以上。全省 4G 移动电话年末共有用户 3485.47 万户，其中合肥市最高为 670.45 万户，阜阳市、宿州市也都超过了 270 万户。固定电话年末全省共有用户 551.38 万户，相比上年下降了 25.4%。固定电话使用率下降，移动电话越来越普及，移动化的通话设备在人们的生活中使用更加频繁。

表 1-4　2017 年安徽省邮政和通信项目

城　市	邮政局所（处）	固定互联网宽带接入用户（万户）	4G 移动电话年末用户（万户）	固定电话年末用户（万户）
总　计	1937	1323.65	3485.47	551.38
合肥市	185	258.16	670.45	123.74
淮北市	47	50.72	121.75	17.92
亳州市	102	76.92	241.72	21.65
宿州市	126	100.33	278.94	27.53
蚌埠市	90	69.51	186.9	30.66
阜阳市	196	131.32	379.09	40.44
淮南市	123	68.08	173.26	25.56
滁州市	164	87.04	225.04	35.88
六安市	170	75.45	220.3	29.88
马鞍山市	69	58.17	136.95	28.41
芜湖市	98	91.03	231.43	41.48
宣城市	127	63.1	157.95	26.77
铜陵市	66	35.23	74.91	17.12
池州市	72	32.37	81.32	16.95
安庆市	179	92.2	221.86	45.44
黄山市	123	34	83.6	21.94

四、经济活力持续增强

随着经济社会的发展，创新成为支撑区域经济发展的主要力量，区域研发活动的活跃程度在一定程度上显示了该区域的经济活力状况，2017 年全省研发活动、创新活动有序开展，经济活力持续增强，经济发展势头良好。

（一）城镇化率稳步提高

城镇化率是一个国家或地区经济发展的重要标志，也是衡量一个国家或地区社会组织程度和管理水平的重要标志。2017 年安徽省城镇化率为 53.49%，比 2016 年提高了 1.5 个百分点，城镇化水平稳步提升。全省城镇化率最高的是合肥市，为 73.75%，上涨 1.7% 个百分点；其次是马鞍山市 67.89%，上涨 1.4 个百分点。芜湖市、淮北市、淮南市、铜陵市、蚌埠市、宣城市和池州市也都超过了全省平均水平，另外，安庆市、六安市、阜阳市、宿州市、亳州市的城镇化率低于 50%，省内各地市之间的城镇化发展水平差距较大（图 1－17）。

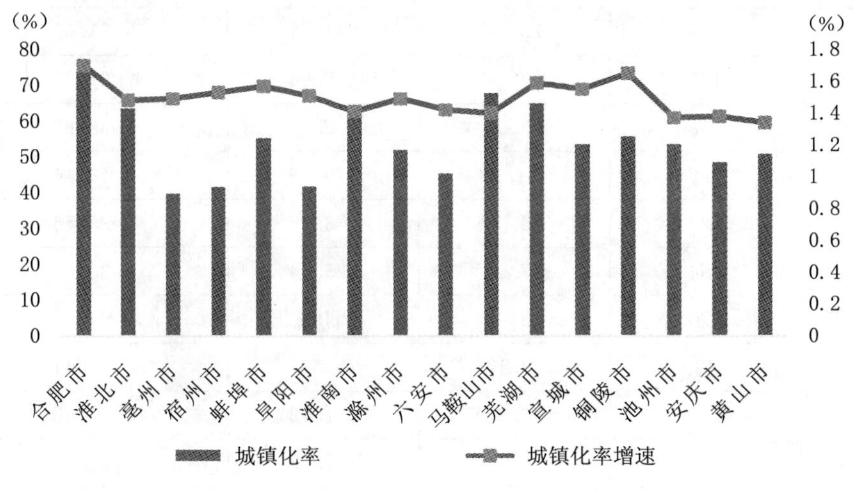

图 1－17　2017 年安徽省各地市城镇化率

（二）创新活动开展良好

2017 年安徽省共有研发机构 6018 个，比上年增加了 658 个，合肥市的研发机构数量增加 42 个，共 1383 个；其次为滁州市的 616 个；研发机构数量最少的是淮北市和池州市，均为 110 个。2017 年全省共有研究与试验发展人员 114613 人，合肥研发人员为 49750 人，占比 43.4%，略有下降，其次是芜湖市，为 15361 人。在研究与试验发展经费支出方面，对应于机构数，合肥市的研发经费支出最多，为 1635813 万元，占比 50.9%。2017 年全省专利申请数为 70798 件，其中合肥市专利申请数为 27089 件，占比 38.3%，其次是芜湖市的 12331 件。在专利授权数方面，2017 年全省共有专利授权数 8103 件，同比增加 3.0%。合肥市有 4228 件，占比 52.2%；芜湖市有 1365 件，占比 16.8%。2017 年全省专利所有权转让及许可数共有 1122 件，其中合肥市有 399 件，芜湖市有 317 件。除专利所有权转让及许可收入排名第二外，合肥市在其他七个指标中均排名第一，这与合肥科教立城的发展思想是分不开的。这表明：省内 16 个城市在创新方面的差距较大（表 1-5）。

表 1-5 2017 年安徽省各地市研发活动情况

城 市	机构数（个）	研究与试验发展人员（人）	研究与试验发展经费支出（万元）	专利申请数（件）	专利授权数（件）	有效发明专利数（件）	专利所有权转让及许可数（件）	专利所有权转让及许可收入（万元）
总 计	6018	114613	3213449	70798	8103	61670	1122	44949
合肥市	1383	49750	1635813	27089	4228	25333	399	3718
淮北市	110	1618	28240	925	49	1368	5	5
亳州市	159	1170	18005	1028	10	566	54	1587
宿州市	185	1387	30190	740	63	588	1	—
蚌埠市	506	8523	196330	2988	630	3176	28	62
阜阳市	371	1402	40101	3458	161	1860	7	16
淮南市	111	1768	41538	1264	281	1102	5	4
滁州市	616	7016	207874	4473	372	2412	41	19
六安市	184	2571	39364	2053	273	1022	10	47
马鞍山市	486	5723	191718	4869	248	5009	54	302
芜湖市	556	15361	429070	12331	1365	11577	317	37184
宣城市	377	5737	108416	2601	3	2566	30	18
铜陵市	168	2594	105951	1707	29	1672	5	300
池州市	110	1160	23245	1282	45	837	92	48
安庆市	343	3819	77494	3210	252	2029	74	1639
黄山市	187	2236	37321	780	94	553	—	—

（三）项目投资规模扩大

项目投资建设是固定资产投资的重要组成部分，见表 1-6 所列，2017 年安徽省项目投资建设总规模达到了 534971581 万元，同比增长了 23.04%，其中，合肥市的项目投资建设总规模为 131446999 万元，占比 24.6%，其次是芜湖市为 59422939 万元，排名第三的是安庆市为 37443797 万元。2017 年，除淮南市和黄山市外，其他地市的项目投资建设总规模增长率都在 15%以上，项目投资建设总规模增长率最高为亳州市的 34.96%。在施工项目方面，2017 年安徽省共有 44534 个施工项目，合肥市有 7662 个，芜湖市有 5203 个，马鞍山市有 4503 个。

2017 年全省共有全部建成投产项目 304032 个，项目建成投产率为 68.27%，其中，全部建成投产项目数量最多的是合肥市，有 5599 个，项目建成投产率达到 73.07%。项目建成投产率最高的是铜陵市，为 80.17%，建成投产项目数量也达到了 2111 个。在工业项目投资方面，全省在 2017 年共投入 129434679 万元，合肥市投入 23564775 万元，占比 18.2%；芜湖市投入 18675300 万元。总体来说，对应于经济发展的情况，合肥市和芜湖市的项目投资建设情况也优于其他地市。

表 1-6 2017 年安徽省各地市项目投资概况

城 市	项目投资建设总规模（万元）	项目投资建设总规模增长率（%）	施工项目（个）	全部建成投产项目（个）	项目建成投产率（%）	工业项目投资（万元）
总 计	534971581	23.04	44534	304032	68.27	129434679
合肥市	131446999	34.60	7662	5599	73.07	23564775
淮北市	18806012	19.14	1533	1217	79.39	5373912
亳州市	19686871	34.96	1166	565	48.46	3893155
宿州市	25474363	30.32	1955	1188	60.77	7905119
蚌埠市	28285779	21.84	2077	1479	71.21	7836009
阜阳市	30631987	18.73	1337	725	54.23	4349927
淮南市	19711304	—0.95	1580	1064	67.34	3865414
滁州市	31884794	17.76	2970	2238	75.35	8811503
六安市	21806114	22.34	1747	1273	72.87	4283155
马鞍山市	34963010	23.39	4503	3375	74.95	12066855
芜湖市	59422939	15.82	5203	3591	69.02	18675300

（续表）

城　市	项目投资建设总规模（万元）	项目投资建设总规模增长率（%）	施工项目（个）	全部建成投产项目（个）	项目建成投产率（%）	工业项目投资（万元）
宣城市	30167501	25.69	2779	1421	51.13	7979189
铜陵市	20761004	22.78	2633	2111	80.17	6793059
池州市	14119044	28.31	1573	1033	65.67	3804146
安庆市	37443797	21.17	4131	2539	61.46	8993730
黄山市	10360063	－4.36	1685	985	58.46	1239431

五、社会事业全面持续发展

社会事业健康发展是居民美好生活的前提，也是经济持续快速发展的基础和保障。总体来看，2017 年全省社会事业发展稳步推进，各类社会保障政策落实良好。

（一）教育卫生事业蓬勃发展

2017 年，安徽省继续加大教育和卫生事业方面的投入力度，见表 1－7 所列。2017 年全省共有普通高等学校 109 所，中等专业学校 359 所，高等学校毕业生数为 322786 人，招生人数 332635 人，在校学生数 1147401 人；中等专业学校毕业生数 279668 人，招生人数 287852 人，在校生 760672 人。合肥市有普通高等学校 50 所，约占全省的一半，芜湖市有普通高校 9 所，其他各地市则只有几所高等学校，最少的为宣城市，只有 1 所。中等专业学校最多的也是合肥市（54 所），其次是阜阳市（41 所），六安市为 33 所。毕业生数中，合肥毕业生数占比最高，2017 年共有普通高等毕业生数 142215 人，中等专业毕业生数 33707 人，分别占比 44.05％和 12.05％。在招生人数方面，合肥市仍然位居第一，普通高等院校招生数达到 149034 人，中等专业学校招生 37103 人。在校学生中，合肥市的数字仍然遥遥领先，普通高等学校在校学生 502943 人，中等专业学校在校学生数 99452 人。综合来看，合肥市和芜湖市的教育资源要显著优于其他地市。

表 1-7 安徽省各地市普通高等学校和中等专业学校情况

地 区	学校数（所）		毕业生数（人）		招生数（人）		在校学生数（人）	
	高 等	中 专	高 等	中 专	高 等	中 专	高 等	中 专
总 计	109	359	322786	279668	332635	287852	1147401	760672
合肥市	50	54	142215	33707	149034	37103	502943	99452
淮北市	3	8	10376	7123	10541	6676	39539	18013
亳州市	2	26	4144	27640	4216	27546	11247	73374
宿州市	3	23	6214	22340	7653	24099	25115	54065
蚌埠市	5	24	16365	17633	16197	16037	60887	53722
阜阳市	5	41	9869	38610	10657	47579	37380	110089
淮南市	6	21	18436	15608	16775	16274	62643	39436
滁州市	4	17	13513	18493	16060	18133	53503	48704
六安市	4	33	12503	19975	10965	22677	38965	67523
马鞍山市	4	9	14176	10913	14782	12187	53635	32967
芜湖市	9	24	36845	17384	37697	19202	132161	51750
宣城市	1	13	2342	10589	2652	9428	7246	30523
铜陵市	3	9	10233	8074	10322	8143	36074	13828
池州市	3	7	6556	7200	8076	7048	25629	14160
安庆市	5	33	13104	19117	10642	10248	37475	37400
黄山市	2	17	5895	5262	6366	5472	22959	15666

2017 年安徽省医疗卫生机构共有 24484 个，医疗卫生机构卫生人员 407530 人，床位 30554 个。在医疗卫生机构方面，阜阳市以 2788 个排名第一，六安市有医疗卫生机构 2307 个，合肥市有 2199 个。医疗卫生机构卫生人员最多的是合肥市为 68796 人，阜阳市为 51000 人，其次是宿州市为 31475 人。床位数最多的城市是合肥市 49357 张，其次是阜阳市 39733 张。

（二）完善社会保障体系

社会保障是国家重要的社会经济制度之一。建立健全与经济发展水平相适应的社会保障体系是保障公民基本生活权益的重要手段，也是推动社会稳定持续发展的根本保障。医疗保障是社会保障体系的重要内容，我国医疗保险分为城市医疗保险和农村“新农合”两种，城市医疗保险又分为城镇职工基本医疗保险和城镇居民基本医疗保险。2017 年全省城镇职工基本医疗保险参保人数为 8091968 人，其中合肥市 2147873 人，芜湖市 747084 人，其次是淮南市 574704 人。城镇职工基本医疗保险基金累计结余 3238800 万元，合肥市为 1304723 万元，滁州市为 195476 万元，芜湖市为 168440 万元，宿州市为 163374 万元，六安市为 161623 万元。2017 年全省城镇居民基本医疗保险参保人数 12988590 人，合肥市为 1720729 人，其次是芜湖市 1045088 人。城镇居民基本医疗保险基金累计结余 794527 万元，最高为合肥市 131512 万元，其次是滁州市 86778 万元。2017 年全省“新农合”参合人数为 4653.7 万人，参合率为 103.1%，有效减轻了农民看病就医的经济负担。其中参合人数最多的是人口大市阜阳市为 909.5 万人，其次是亳州市为 549.1 万人，宿州市 518.0 万人。2017 年全省“新农合”基金总额为 3924903 万元，最高为阜阳市 821229 万元，亳州市为 418891 万元，宿州市为 435757 万元。大部分地市的参合率都达到了 100%，只有铜陵市、安庆市的参合率低于 100%，但均保持在 96%以上。

表 1-8 2017 年安徽省各地市社会保障情况

地区	城镇职工基本医疗保险参保人数（人）	城镇职工基本医疗保险基金累计结余（万元）	城镇居民基本医疗保险参保人数（人）	城镇居民基本医疗保险基金累计结余（万元）	“新农合”参合人数（万人）	“新农合”基金总额（万元）	参合率（%）
总计	8091968	3238800	12988590	794527	4653.7	3924903	103.1
合肥市	2147873	1304723	1720729	131512	407	332370	105.4
淮北市	425458	137986	328333	17623	130.2	105786	104.2
亳州市	244484	125581	87652	27871	549.1	418891	104.2
宿州市	326962	163374	495215	63853	518.0	435757	104.5
蚌埠市	478511	133651	387023	47297	273.8	256370	105.7
阜阳市	426635	158935	31337	7307	909.5	821229	101.0
淮南市	574704	135095	699872	35389	234.8	220761	104.3
滁州市	423535	195476	465011	86778	339.9	283950	100.6

（续表）

地　区	城镇职工基本医疗保险参保人数（人）	城镇职工基本医疗保险基金累计结余（万元）	城镇居民基本医疗保险参保人数（人）	城镇居民基本医疗保险基金累计结余（万元）	“新农合”参合人数（万人）	“新农合”基金总额（万元）	参合率（%）
六安市	331102	161623	5325865	144321	—	—	—
马鞍山市	505121	108608	492700	24869	132.0	98994	102.0
芜湖市	747084	168440	1045088	72328	207.2	164106	121.1
宣城市	333040	97813	532357	15411	227.4	180621	102.9
铜陵市	338216	123166	538764	28717	80.5	65098	96.8
池州市	143651	49906	101302	11886	133.2	107991	101.8
安庆市	443226	108284	542908	59893	403.3	346914	97.6
黄山市	202366	66139	194434	19472	107.9	86064	100.5

其他社会保险项目也成效显著，2017 年安徽省城乡居民基本养老保险人数共为 34294599 人，年末基金滚存结余达到 3216890 万元。城市低保人数全省共有 479292 人，保障金额达到 257672.9 万元。农村低保人数全省共有 1554727 人，保障金额达到 460018.1 万元。失业保险人数全省共有 472.41 万人，基金累计结余达到 1162035.58 万元。合肥市最高，为 141.36 万人，基金累计结余为 413668.59 万元。生育保险人数全省共有 554.12 万人，基金累计结余为 125629 万元，最高为合肥市的 168.18 万人，基金累计结余为 18337 万元。

第二节　安徽城市经济发展动力分析

投资、消费、出口被称为拉动 GDP 增长的三大动力，随着经济社会的发展，创新和人才对于经济发展的推动作用越来越突出，本节将从投资、消费、出口、创新和人才五个方面对安徽城市经济发展的动力进行分析。消费是经济的主要动力；投资是指财政支出，即政府通过包括发行国债在内的一系列的财政预算，是对教育、科技、国防、卫生等事业的支出，是辅助性地扩大内需；出口是指外部需求，即通过本国企业的产品打入国际市场，参与国际竞争，扩大产品销路；创新是指以现有的知识和物质，改进或创造新的事物，并能获得一定有益效果的行为。创新对于经济发展的推动作用已经得到验证，创新驱动是转变经济社会发展方式的突破口；人才是指具有一定的专业知识或技能，进行创造性劳动的人。

2017 年全省城市消费持续增长，社会消费品零售总额为 11192.63 亿元，相比 2016 年的 10000.24 亿元，增长率达到 11.92%。2017 年安徽省人均社会消费品零售总额为 17894.46 元，同比 2016 年增长率为 10.86%。2017 年安徽省社会消费品零售总额对安徽省区域生产总值的影响较大，全省社会消费品零售总额对经济增长的贡献率达到了 41.11%。2017 年安徽省固定资产投资总额为 29185.96 亿元，相对于 2016 年增长率为 9.07%。2017 年安徽省固定资产投资对经济增长具有很大的促进作用，全省固定资产投资对经济增长的贡献率达到了 83.72%，这表明投资对于全省经济增长的拉动作用十分显著。2017 年安徽省进出口总额为 536.36 亿美元，同比增长了 20.86%。进出口总额对经济增长的贡献率下降，2017 年安徽省各地市的进出口总额对经济增长的贡献率为 3.19%。

一、城市消费分析

（一）社会消费品零售总额快速增长

从城乡两方面来比较，城镇社会消费品零售总额为 9009.4 亿元，相比于 2016 年增长率为 11.7%，在全省的占比为 80.49%，其中城区零售总额为 60943260 万元，相比于 2016 年增长率为 10.32%；乡村社会消费品零售总额为 2183.2 亿元，同比增长 13%，在全省的占比为 19.51%。从行业比较，餐饮收入零售总额为 1410.87 亿元，与 2016 年相比增长率为 29.90%，占比为 12.61%；商品零售总额为 9781.75 亿元，与 2015 年相比增长率为 9.73%，占比为 87.39%，具体数据如图 1－18 所示。

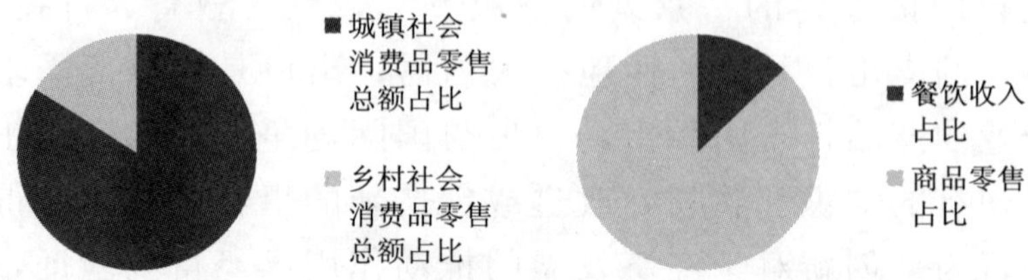

图 1-18 2017 年安徽省社会消费品零售总额结构

2017 年安徽省社会消费品零售总额最高的城市是合肥市，为 27285104 万元，增长率为 11.56%；其次是芜湖市为 9308637 万元，增长率为 12.40%；阜阳市为 8520195 万元，增长率为 12.20%；安庆市为 7641675 万元，增长率为 12.10%。增长率最高的是蚌埠市为 12.60%，增长率最低的是黄山市 11.40%。2017 年全省 16 个地市的增长率都在 11%以上。2017 年安徽省各地市社会消费品零售总额及增长率如图 1-19 所示。

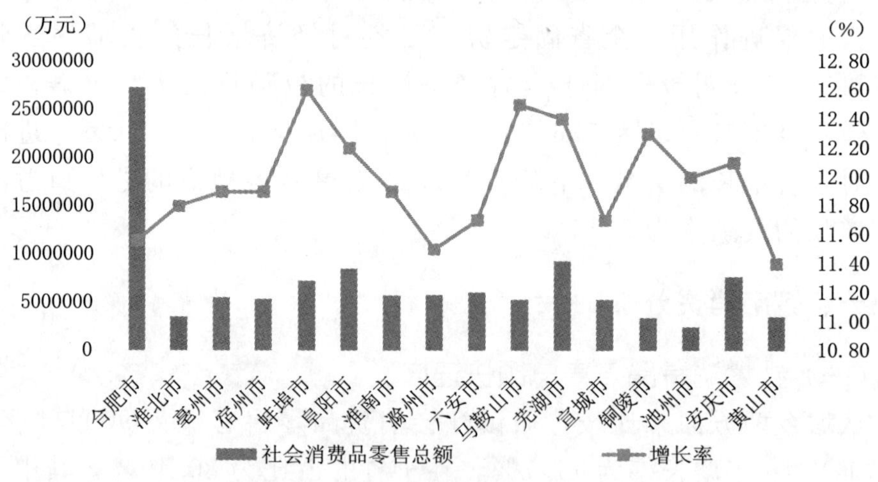

图 1-19 2017 年安徽省各地市社会消费品零售总额及增长率

（二）人均社会消费品零售总额大幅增长

如图 1-20 所示，2017 年安徽省人均社会消费品零售总额为 17894.46 元，与 2016 年相比增长率为 10.86%，最高为合肥市的 34254.96 元，增长率为 10.21%；黄山市为 25195.87 元，增长率为 10.97%；芜湖市为 25184.34 元，增长率为 11.60%。蚌埠市、马鞍山市、芜湖市、宣城市和铜陵市人均社会消费品零售总额都在安徽省人均零售总额以上，宿州市、阜阳市、亳州市三市略低，人均社会消费品零售总额在10000元以下。铜陵市人均社会消费品零售总额增长率达到11.81%，为全省最高。全省16个地市人均社会消费品零售总额增长率均在10%以上，各地市人均社会消费品零售总额增长率都进一步提高。

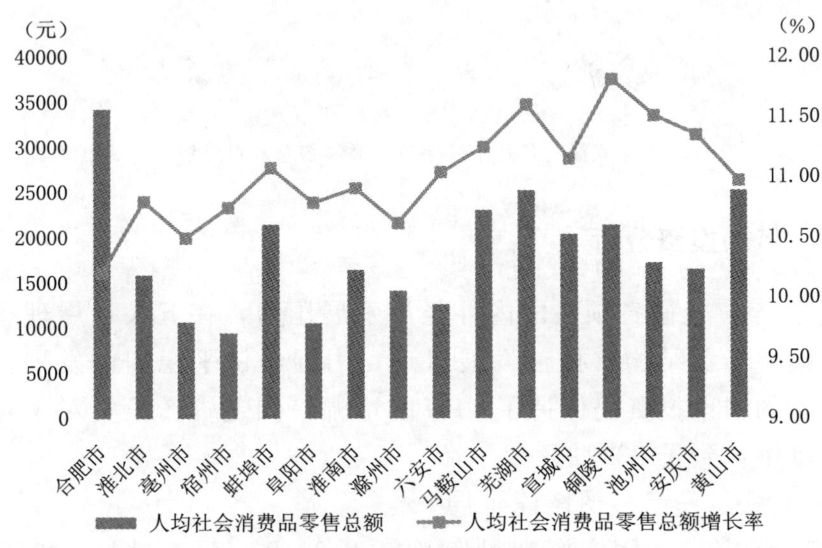

图1-20 2017年安徽省各地市人均社会消费品零售总额及增长率

（三）社会消费品零售总额对经济增长的贡献率

2017年安徽省社会消费品零售总额对安徽省区域生产总值影响较大，全省社会消费品零售总额对经济增长的贡献率达到了41.12%。2017年全省16个地市的社会消费品零售总额对经济增长的贡献率均为正，表明各地市消费对于经济发展起到了促进作用。其中，六安市的社会消费品零售总额对其区域生产总值的贡献达到最大，数值为105.76%，也即2017年六安市的社会消费品零售总额增长1元，其区域生产总值将会增加1.0576元；其次是黄山市，达到了103.46%；最低的是铜陵市的22.80%。亳州市、阜阳市和淮南市的社会消费品零售总额对经济增长的贡献率均达到了50%以上，如图1-21所示。

图 1-21 2017 年安徽省各地市社会消费品零售总额对经济增长的贡献率

二、城市投资分析

2017 年，安徽省顶住国内外经济发展压力，在五大发展理念的指引下，调整产业结构，抓住发展机遇，力促经济平稳向前发展。2017 年安徽省的城市投资仍保持了 11%的增幅，固定资产投资对于经济增长的贡献率达到了 83.72%。

（一）固定资产投资增速平稳

2017 年安徽省固定资产投资总额为 29186 亿元，同比 2016 年增长率为 11%，增幅比上年下降 2.58 个百分点。固定资产投资总额最高的城市是合肥市，为 63514289 万元，占全省的比重为 21.76%；其次是芜湖市 33422401 万元，占全省的比重为 11.45%。马鞍山市为 22557173 万元，滁州市为 19290517 万元，蚌埠市为 19125546 万元，安庆市为 17312468 万元，宣城市为 15805300 万元，阜阳市为 16325100 万元，宿州市为 14029739 万元，铜陵市为 13413329 万元，六安市为 11999889 万元，最低的是黄山市为 6468997 万元，占全省的比重为 2.22%。2017 年固定资产投资总额增长率最高的城市是阜阳市达到 26.29%，其次是亳州市为 21.98%，淮北市、宿州市、蚌埠市、滁州市、安庆市、六安市、芜湖市、宣城市、铜陵市的增长率都在 10%以上。合肥市的增长率为负值，为-2.30%，其余各地市增长率都在 7%以上。总体来看，安徽省大部分城市固定资产投资增长率处

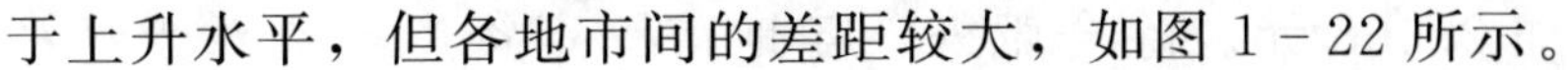
于上升水平，但各地市间的差距较大，如图 1 - 22 所示。

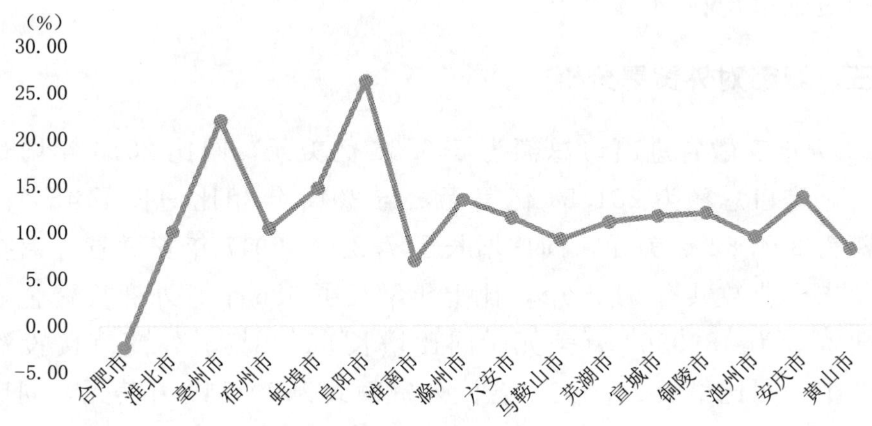

图 1 - 22　2017 年安徽省各地市固定资产投资总额增长率

（二）固定资产投资对经济增长的贡献率

如图 1 - 23 所示，2017 年安徽省固定资产投资对经济增长的拉动作用突出，全省固定资产投资对经济增长的贡献率达到了 83.72%，这表明投资对于全省经济增长的拉动作用十分明显。在 16 个地市中，六安市的固定资产投资对经济增长的贡献率最高，达 208.66%，也即六安市的固定资产投资增加 1 元，其区域生产总值将增加 2.0866 元，在全省中达到最高；其次是阜阳市，其固定资产投资对经济增长的贡献率达到了 200.80%，也即阜阳市的固定资产投资增加 1 元，其区域

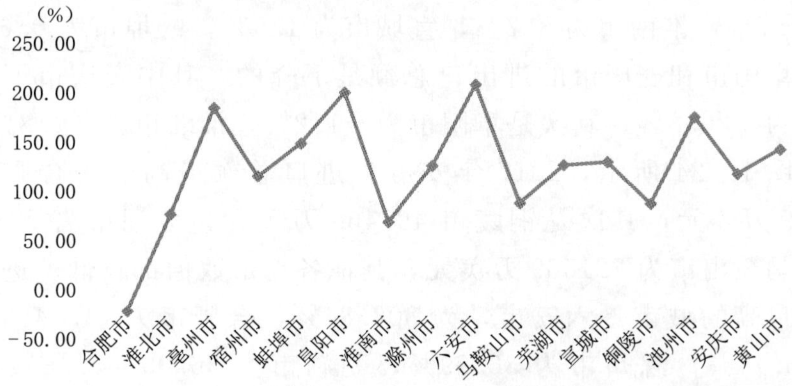

图 1 - 23　2017 年安徽省各地市固定资产投资对经济增长的贡献率

生产总值将增加 2.008 元。除合肥外，各地市固定资产投资对于经济增长的贡献率均在 50%以上。

三、城市对外贸易分析

2017 年安徽省进出口总额为 536.36 亿美元，同比 2016 年增长了 20.9%。进口总额为 231.54 亿美元，与 2016 年相比增长了 45%。出口总额为 304.82 亿美元，同比增长了 7.2%。2017 年安徽省外商投资企业年末企业数共有 6135 个，比上年增长了 586 个。外商投资企业年末注册资本为 4890363 万美元，同比增长 41.43%。外商直接投资项目 338 个，同比增长 26.6%。合同外资额共为 905549 万美元，同比增长 120.10%。全省实际使用外资金额 1589652 万美元，同比增长 7.65%。

（一）进出口总额增速上升

2017 年安徽省进出口总额最高的城市是合肥市，为 2495869 万美元，占全省比重为 46.53%，其次是芜湖市为 637683 万美元，铜陵市为 554566 万美元，马鞍山市为 380465 万美元，滁州市为 277479 万美元，其他 11 个地市的进出口总额都在 200000 万美元以下。进出口总额增长率最高的城市是六安市，达到 36.4%，合肥市为 33.6%，亳州市为 27.8%，池州市为 24.2%，宿州市为 23.2%，马鞍山市为 19.5%，铜陵市为 19.4%，滁州市为 18.9%，黄山市为 12.9%，芜湖市为 11.7%，淮南市为 8.7%，宣城市为 1.5%，蚌埠市为 0.6%。淮北市、阜阳市和安庆市的进出口总额是下降的，其中安庆市下降幅度最大，为－20.8%，其次是阜阳市为－1.2%，淮北市为－0.8%。

如图 1－24 所示，2017 年安徽省进口总额最高的是合肥市，为 1039279 万美元，其次是铜陵市 497468 万美元，芜湖市为 223286 万美元，马鞍山市为 221569 万美元，其他各地市数值都较低。进口总额增长率最高的城市是六安市，为 308.84%，合肥市为 71.74%，蚌埠市为 45.76%，滁州市为 36.39%，芜湖市为 36.00%，马鞍山市为 32.65%，池州市为 30.68%，铜陵市为 25.14%，阜阳市为 23.13%，黄山市为 22.26%，淮北市为 17.86%，安庆市为 7.75%，亳州市为

6.33%，宣城市为1.38%，其余2个地市的进口总额有所下降，宿州市为－13.53%，淮南市为－27.34%。

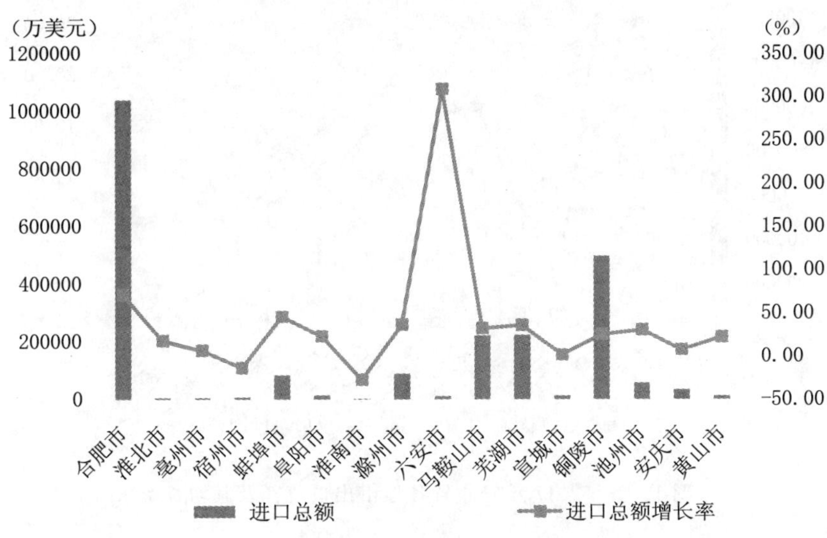

图1-24　2017年安徽省各地市进口总额及其增长率

如图1-25所示，2017年安徽省出口总额最高的城市是合肥市为1456590万美元，其次是芜湖市为414397万美元，滁州市为189408万美元，马鞍山市为158896万美元，宣城市为140137万美元，安庆市为105549万美元，其他各地市的出口总额均在100000万美元以下。出口总额增长率最高的是宿州市，为30.97%，亳州市为30.52%，六安市为21.38%，合肥市为15.28%，淮南市为14.12%，滁州市为12.21%，黄山市为11.09%，池州市为8.83%，马鞍山市为5.04%，芜湖市为1.88%，宣城市为1.50%，其余5个地市的出口总额均处于下降态势，其中增长率下降最快的是安庆市，为－26.99%。总体来看，2017年安徽省的出口呈现平稳的增长态势。

面对国内外经济下行压力和复杂环境，2017年安徽省城市进出口总额增速放缓，其中进口总额增速缓慢，出口总额呈现下降趋势。合肥市作为全省经济中心，在进出口总额中占据主导份额。芜湖市利用优越的地理位置和相对雄厚的经济基础，进出口贸易发展也取得了一定成绩。

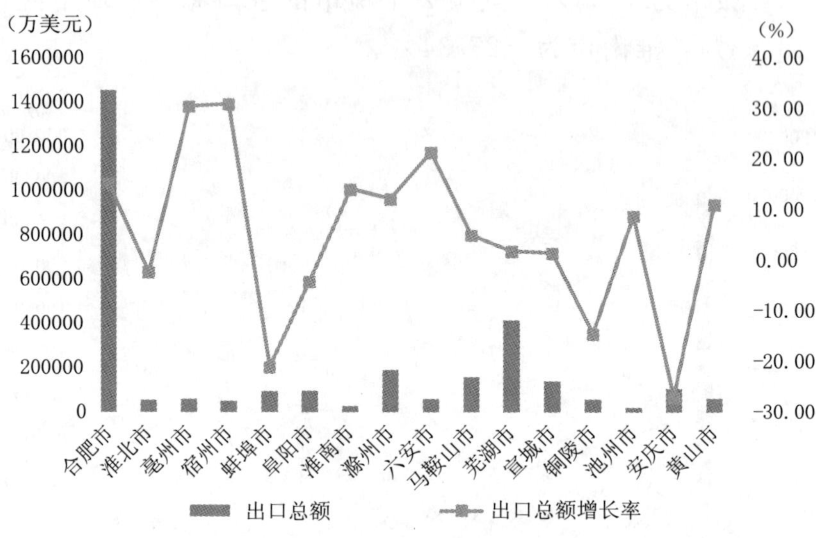

图 1－25　2017 年安徽省各地市出口总额及其增长率

（二）外商直接投资稳步增长

2017 年安徽省外商投资年末企业数共有 6135 个，比上年增加了 586 个；2017 年安徽省外商投资企业年末注册资本为 4890363 万美元，同比 2016 年增长 41.43％；2017 年安徽省外商直接投资项目 338 个，同比增长 26.59％；2017 年安徽省合同外资额共为 905549 万美元，同比增长 120.11％，全省实际使用外资金额 1589652 万美元，同比增长 7.65％。

如图 1－26 所示，外商投资企业年末企业数最多的是合肥市 2350 个，比 2016 年增加了 223 个，其次为芜湖市 724 个，增加了 88 个。其余各地市企业数均有小幅增加。年末全省外商投资总额为 8664121 万美元，同比增长了 28.82％。合肥市为 3418916 万美元，占全省比重为 39.46％，其次是芜湖市为 889618 万美元，最低是黄山市为 99956 万美元，但黄山市的增长率达到了 15.7％，增长率最高的城市为亳州市达 643.39％，其次是池州市为 137.38％，马鞍山市增长率为 122.44％。其余各地市外商投资总额增长率也都为正值，表明安徽省利用外资呈现稳健的增长态势。

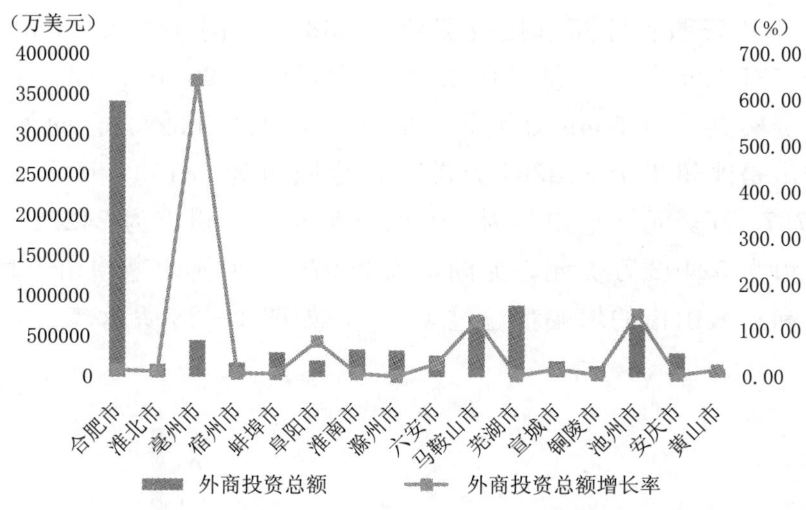

图 1－26　2017 年安徽省各地市年末外商投资总额及增长率

年末注册资本最高的城市是合肥市，为 2072386 万美元，占全省比重为 42.38%，其次为芜湖市，为 478314 万美元，池州市为 461479 万美元，亳州市为 414626 万美元，马鞍山市为 345555 万美元，蚌埠市为 157705 万美元，滁州市为 149292 万美元，安庆市为 135367 万美元，六安市为 107550 万美元，淮南市为 100550 万美元，其余 7 个城市都在 100000 万美元以下。增长率最高的城市是亳州市，为 1215.10%，其次是池州市 384.80%，马鞍山市为 118.54%，阜阳市为 92.61%，除淮北市负增长外，其余各地市均有所增长（图 1－27）。

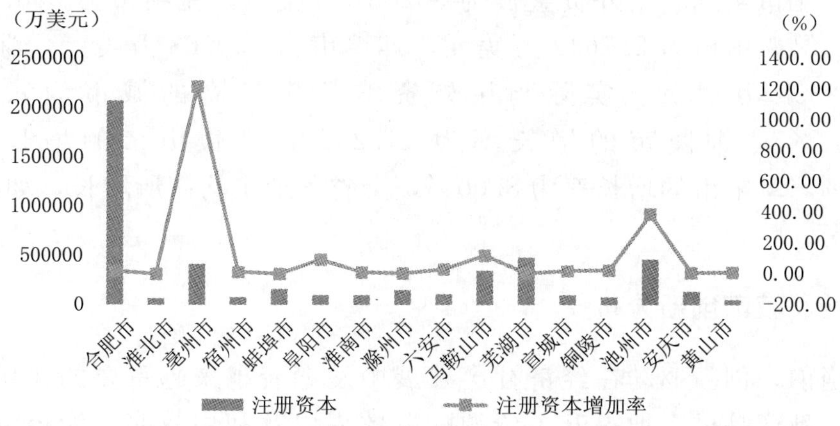

图 1－27　2017 年安徽省各地市外商投资年末注册资本及增长率

2017 年安徽省外商直接投资项目 338 个，同比增长 26.59%。其中合肥市有 129 个，芜湖市有 28 个，滁州市有 26 个。2017 年安徽省合同外资额共为 905549 万美元，同比增长 120.11%。合同外资额最高的城市是池州市为 328384 万美元，合肥市为 181435 万美元，阜阳市为 87875 万美元，亳州市为 74606 万美元，滁州市为 74222 万美元，马鞍山市为 52402 万美元，芜湖市为 25976 万美元。亳州市、阜阳市、滁州市和马鞍山市的增幅都超过 100%，如图 1 - 28 所示。

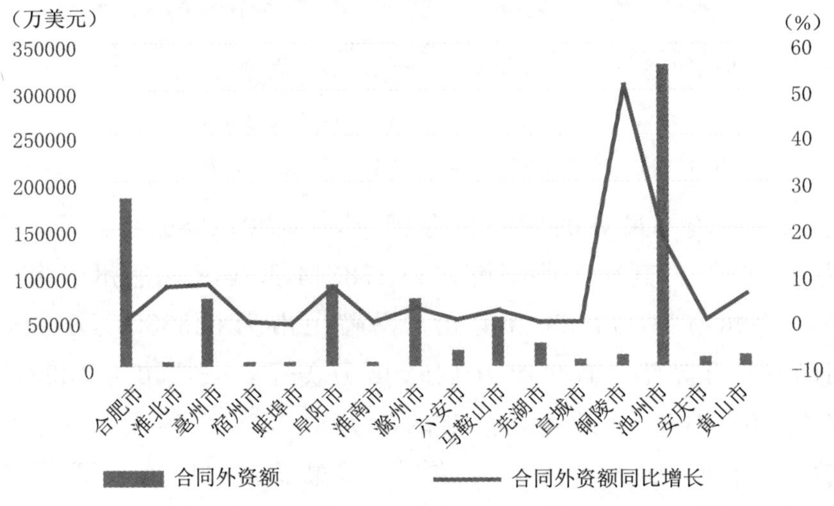

图 1 - 28　2017 年安徽省各地市外商投资合同外资额及增长率

合肥市实际利用外资金额为 302037 万美元，芜湖市为 268730 万美元，马鞍山市为 227642 万美元，蚌埠市为 160963 万美元，滁州市为 122355 万美元。实际利用外资增长率最高的城市为六安市(17.68%)，铜陵市的增长率为 11.20%，马鞍山市的增长率为 8.64%，阜阳市的增长率为 8.00%，全省各地市均有所增长，如图 1 - 29 所示。

四、城市创新分析

当前，创新驱动在经济社会发展中发挥着越来越重要的作用，新技术、新产品极大地提升了资源配置效率以及利用效率，为经济的持续健康发展提供了动力支持。创新驱动是当前安徽省经济社会发展新的战略机遇期，科学谋划创新路径、积极营造创新环境、深入贯彻创新制度，准确把握科技革命和产业变革趋势，是安徽省融入长三角一体化发展战略的重要抓手。

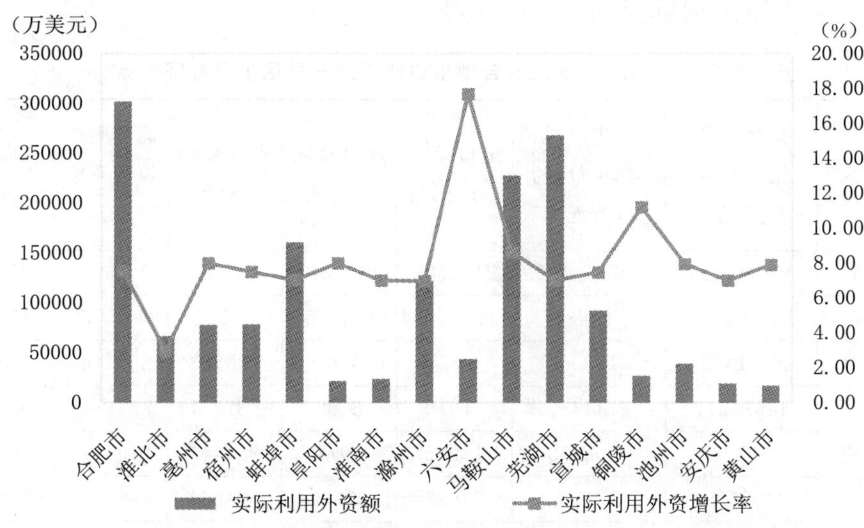

图 1-29 2017 年安徽省各地市外商投资实际利用外资额及增长率

2017 年各地市省级以上开发区共实现销售收入 408010464 万元，其中，合肥市实现了销售收入 139809706 万元，占全省比例为 34.27%，芜湖市实现销售收入达 59535207 万元，蚌埠市、阜阳市、安庆市、滁州市和铜陵市的销售收入也都达到了 20000000 万元以上。全省工业生产总值（当年价格）达到了 283853449 万元，合肥市达到了 87834817 万元，芜湖市达到了 44479399 万元。各地市省级以上开发区的出口总额为 2115652 万美元，进口总额为 1337213 万美元。合肥市和芜湖市的进出口总额分别位列一、二位。在税收总额方面，2017 年全省各地市省级以上开发区实现税收总额 12049495 万元，其中合肥市的税收总额最高，为 5011546 万元，占比 41.59%。在固定资产投资总额方面，各地市省级以上开发区在 2017 年共实现投资 104869499 万元，合肥市实现投资 31337337 万元，芜湖市实现投资 16843050 万元，分别占比 29.88%和 16.06%。在实际利用外商直接投资方面，共实现实际直接利用外商投资 950023 万美元，其中最高的是芜湖市 217549 万美元，其次是合肥市

192545 万美元。总体来说，从全省各地市省级以上开发区的主要经济指标来看，合肥市和芜湖市的经济指标远远高于其他城市，合肥市和芜湖市创新带动经济发展的动力也较为充足，2017 年安徽省各地市省级以上开发区主要经济指标见表 1-9 所列。

表 1-9 2017 年安徽省各地市省级以上开发区主要经济指标

地区	全区经营销售收入（万元）	工业生产总值（当年价格）（万元）	出口总额（万美元）	进口总额（万美元）	税收总额（万元）	固定资产投资总额（万元）	实际利用外商直接投资（万美元）
全省	408010464	283853449	2115652	1337213	12049495	104869499	950023
合肥市	139809706	87834817	1068065	861629	5011546	31337337	192545
淮北市	6071403	6123356	35358	3284	133833	2531468	24018
亳州市	14524517	6744480	47919	5302	487361	5534818	60066
宿州市	7292028	4998473	12902	1077	212446	2795871	9207
蚌埠市	28854656	20685201	23533	17979	504934	7927535	110529
阜阳市	29838466	20700723	74197	9054	867253	5519248	4431
淮南市	3584604	1954090	—	—	70546	1392516	1732
滁州市	21738519	17228427	149040	74693	633318	5612636	68541
六安市	15048789	9092105	37944	2387	493720	2887821	32060
马鞍山市	16342093	13245249	62335	31429	529308	6910868	109821
芜湖市	59535207	44479399	370224	218972	1458974	16843050	217549
宣城市	14270325	11188602	95553	10029	624913	4324152	74144
铜陵市	20373808	16414225	45995	61459	360136	5331849	13645
池州市	4154459	3556531	13265	15136	142975	1531884	14529
安庆市	24378679	17708721	65865	24396	472454	4133506	12219
黄山市	2193205	1899051	13458	387	45779	254940	4987

第三节 安徽城市经济发展与中部城市比较分析

近年来，安徽经济实现了又好又快发展，现将安徽与中部地区其他省份进行对比，并以合肥市为代表对安徽省经济发展与中部六省的主要城市做比较分析。通过与中部地理位置及人文环境相近的山西省、河南省、江西省、湖北省、湖南省的城市经济发展情况的比较分析，找出安徽经济发展的优势与不足，对进一步加快安徽经济发展具有重要意义。

一、安徽 GDP 排名靠后，增速第二

2017 年中部六省河南、湖北、湖南、江西、安徽、山西等地的 GDP 数据显示了中部六省综合实力排名。如图 1－30 所示，2017 年河南以 44552.83 亿元，相较于 2016 年度增长了 4081.04 亿元，在中部六省 2017 年度 GDP 中，河南增量最大。安徽省 2017 年度 GDP 增量为 2610.38 亿元，排名第三。在 GDP 增长率方面，山西以 19％的增长率位居第一，安徽以 10.7％排名第二，而湖南则以 7.5％位居中部六省最低水平。

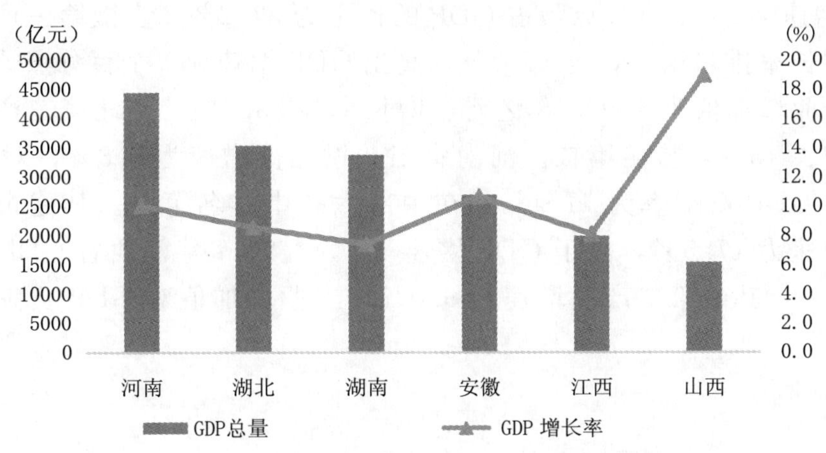

图 1－30 2017 年中部六省 GDP 及增长率

2017 年湖北省人均 GDP 为 60199 元，在中部地区排名第一；山西省人均 GDP 为 42060 元，增幅为 6528 元，增速为 18.4％，为六省最高增速；安徽省人均 GDP 为 43401 元，排名第五，增速排名第三，如图 1－31 所示。

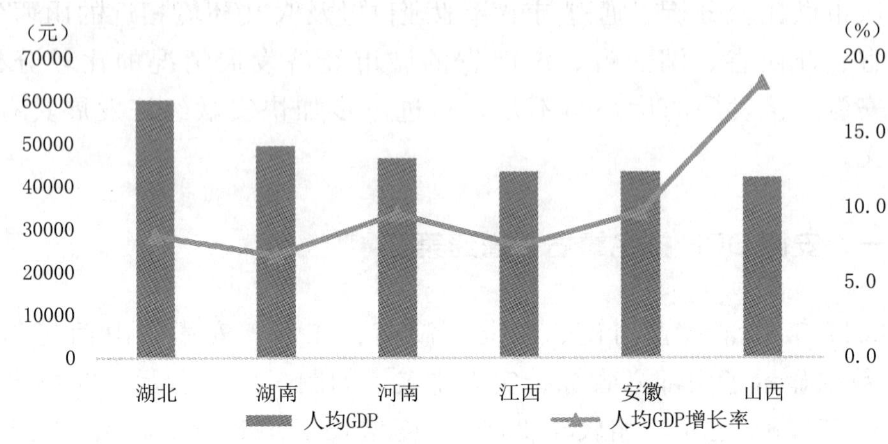

图 1－31 2017 年中部六省人均 GDP 及增长率

二、经济增长点单一，第三产业比重落后

如图 1－32 所示，2017 年，山西省工业增加值增长 39.1%，高于 GDP 增速 20.1 个百分点，占 GDP 的比重为 37.2%。安徽第三产业增加值增长率排名第一，为 15.8%，高出 GDP 增速 5.1 个百分点，其中房地产业增加值为 1390.48 亿元，增长率为 23.7%。湖北第三产业增加值增长 15%，排名第二。河南省工业增加值增速为 8.3%，对 2017 年全省 GDP 贡献率为 41.4%，在中部六省中排名第一。其建筑业增加值增速为 17.5%，高于 GDP 增速 7.4%。2017 年江西省 GDP 增速为 8.1%，其中第二产业增速为 9.0%，工业增加值对 GDP 贡献率为

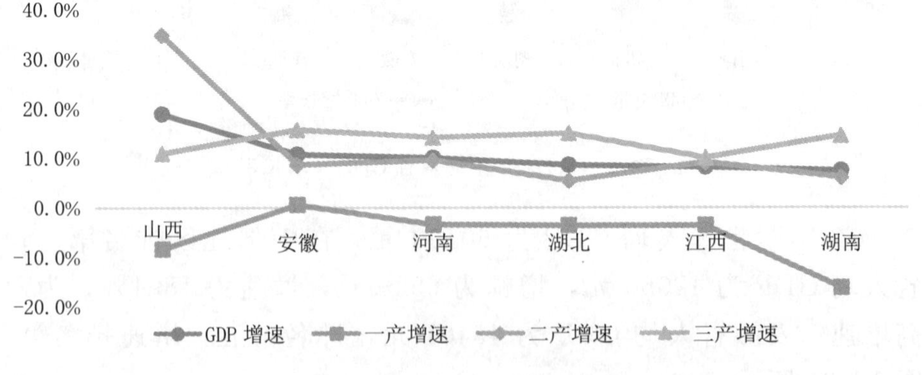

图 1－32 2017 年中部六省各产业生产总值及增长率

38.9%。第三产业增速为10%，其中房地产业增加值增长速度在第三产业中最快，为19.4%。湖南省GDP增长率在六省中排名最后，仅为7.5%，其第一产业在六省中负增长最为显著，为－16.2%，工业增加值对GDP贡献率也仅为35%，第三产业增加值增长率约为GDP增速的两倍，其中金融业增加值增长率为26.5%。总的来说，中部地区经济增长过于依赖房地产业及建筑行业。

中部地区各省产业结构十分接近，2017年各产业比重基本保持稳定，第一产业均下降，第二产业与第三产业稳定增长，符合城镇化与产业升级的基本规律。2017年第一产业比重排名第一的为湖北（9.9%），第二产业比重最高的是江西（48.1%），山西的第三产业比重虽有较大幅度下降，但仍在中部六省中处于领先地位；与其他五个省份相比，安徽第一产业比重偏高，第二产业比重排名仅次于江西，第三产业比重低于平均水平，如图1－33所示。

第一产业比重

山西　安徽　江西
河南　湖北　湖南

第二产业比重

山西　安徽　江西
河南　湖北　湖南

第三产业比重

山西　安徽　江西
河南　湖北　湖南

图1－33　2017年中部六省三次产业比重

三、公共预算入不敷出

2017年六省的一般预算支出远大于一般预算收入，除山西省外，一般预算支出增长率均高于一般预算收入增长率。河南省的一般预算支出总额为8215亿元，预算赤字高达4808亿元，约为预算收入的1.5倍。山西省预算支出与预算收入均处于最低水平，安徽省预算赤字总额为3391亿元，排名第四，一般预算支出增长率为12.3%，比一般预算收入增长率高出7.1个百分点，如图1－34所示。

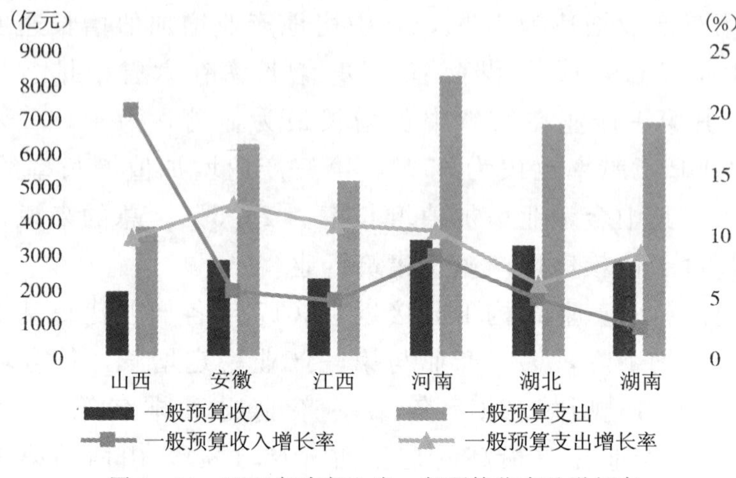

图 1-34 2017 年中部六省一般预算收支及增长率

四、对内贸易相似，对外贸易差距大

2017 年除山西省外，其他省份的全社会固定资产总额和社会消费品零售总额均保持高速增长，且增速差距较小；货物进出口总额增长率各省差异较大。如图 1-35 所示，河南省全社会固定资产投资总额为 44496.9 亿元，增长率排名第三；湖南省的固定资产投资总额增长率最高，为 12.7%；山西省 2017 年的固定资产投资总额降幅很大，57.5%的负增长率；安徽省在六省的固定资产投资总额及增长率比较中表现居中。

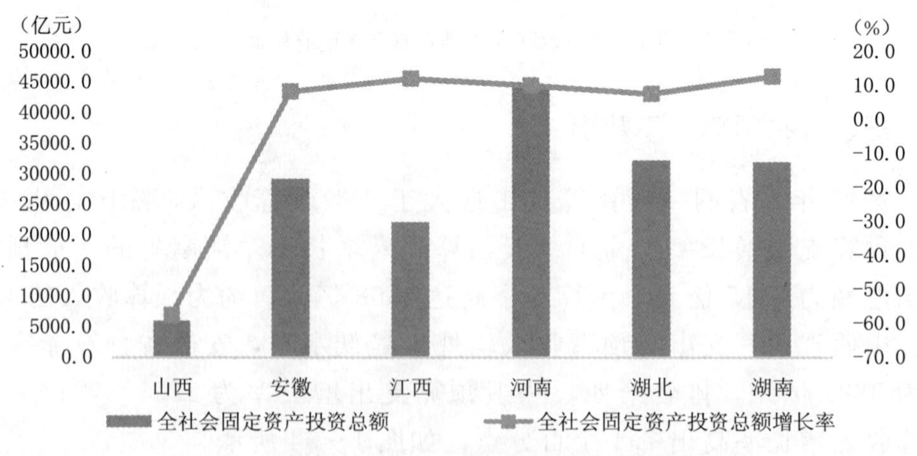

图 1-35 2017 年中部六省固定资产投资总额及增长率

在社会消费品零售总额方面，如图 1－36 所示，安徽省的社会消费品零售总额达到了 11192.6 亿元，排名第四，增速为 11.9%，仅略低于江西省。除山西省增速为 6.8%外，其他省份均达到了 10%以上的高速增长，消费对经济的拉动作用较大。

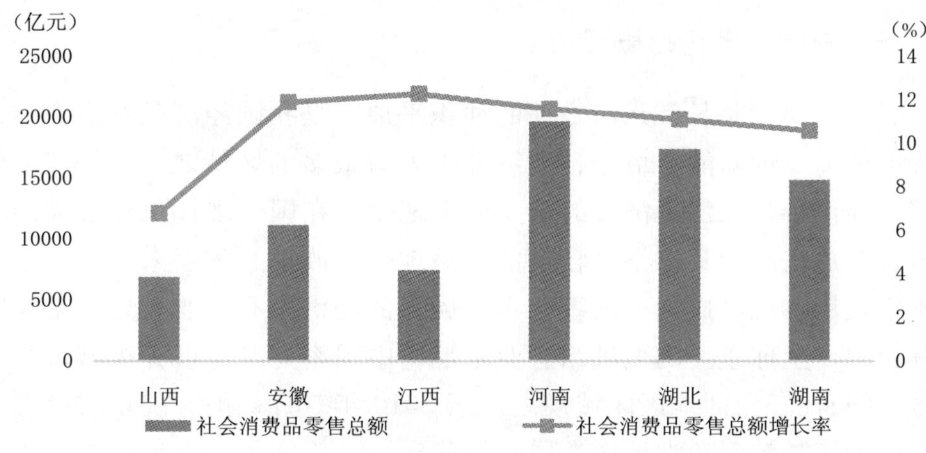

图 1－36　2017 年中部六省社会消费品零售总额及增长率

在对外贸易方面，中部地区各省差异较大。如图 1－37 所示，2017 河南省年进出口总额为 7761305 万美元，中部排名第一，增速为 9%，但与湖南省 37.3%、安徽省 20.8%和湖北省 17.6%的超高增长率相比却不算出色。2017 年安徽省在对外贸易方面，无论是进出口总额还是进出口总额增长率均高于中部平均水平，对经济增长的贡献率较高。

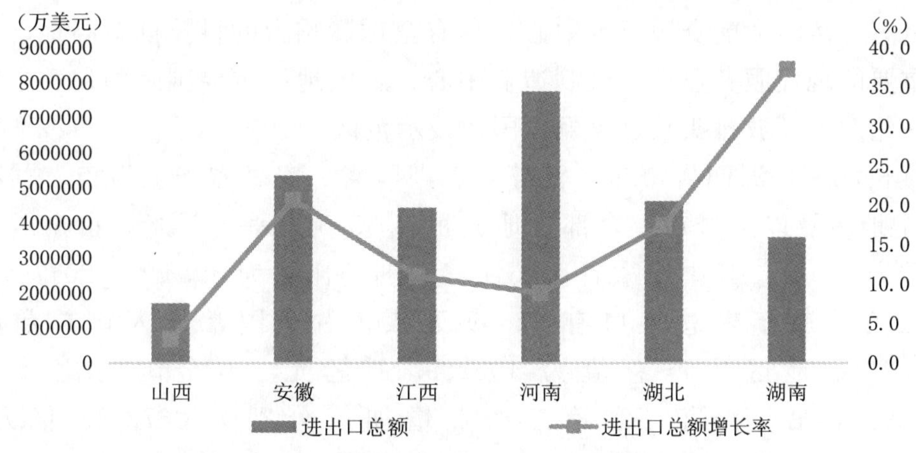

图 1－37　2017 年中部六省进出口总额及增长率

第四节 安徽城市经济发展与长三角其他城市比较分析

一、总体经济运行概况

长江三角洲是长江入海之前的冲积平原，是我国经济最具活力、开放程度最高、创新能力最强、吸纳外来人口最多的区域之一，是“一带一路”经济带与长江经济带的重要交汇地带，在国家现代化建设大局和全方位开放格局中具有举足轻重的战略地位。改革开放以来，长三角经济不断发展，现已成为中国综合实力最强的经济中心、亚太地区重要的国际门户、全球重要的先进制造业基地、中国率先跻身世界级城市群的地区。《长江三角洲地区区域规划》于 2010 年 5 月被国务院正式批准实施，明确了长江三角洲地区发展的战略定位，确立了江浙沪两省一市的地理格局。2014 年 9 月 25 日，《国务院关于依托黄金水道推动长江经济带发展的指导意见》文件中正式提到，安徽第一次被明确为长江三角洲城市群的一部分，参与到长三角经济发展一体化中，这标志着以上海为中心，以南京、杭州、合肥为副中心的三省一市联动发展格局的形成。2016 年 5 月，国务院批准的《长江三角洲城市群发展规划》指出，长三角城市群要建设面向全球、辐射亚太、引领全国的世界级城市群，建成最具有经济活力的资源配置中心、具有全球影响力的科技创新高地、全球重要的现代服务业和先进制造业中心、亚太地区重要国际门户、全国新一轮改革开放排头兵、美丽中国建设示范区。

长江三角洲四省市包含江苏省、浙江省、安徽省和上海市，共有 41 个地级及以上城市，全部土地面积有 35.5 万平方千米，占全国的比重为 3.6%，其中安徽省占长江三角洲的比重为 39.4%。2017 年，长三角城市年末总人口有 22359 万人，占全国常住人口总数的 16.02%。地区生产总值为 195289.01 亿元，占全国的比重为 21.69%，第一、第二和第三产业增加值分别为 8672.13 亿元、83005.9 亿元和 103560.98 亿元，三产之间的比例为 4.44：42.52：

53.04。财政一般预算收入为23430.62亿元，一般预算支出为31902.78亿元。社会消费品零售总额为79068.8亿元，占全国的比重为20.75%。以下将对包括上海、南京、无锡、徐州、常州、苏州、南通、连云港、淮安、盐城、扬州、镇江、泰州、宿迁、杭州、宁波、嘉兴、湖州、绍兴、舟山、义乌、温州、金华、衢州、台州和丽水以及安徽省16个城市在内的42个长三角地区的有关城市进行比较，找出安徽城市经济的不足，寻求创新和突破。

二、经济发展的城市比较

（一）人均生产总值较低，增长率差别大

对比历年数据可得出，江苏省13个地市的地区生产总值及三产增加值总体呈现上升趋势。如图1-38所示，泰州、常州、南通和无锡的地区生产总值增长率均在15%以上，镇江地区生产总值增长率为9.76%，盐城为8.10%，苏州则为-2.89%，其他城市均在10%以上。第一产业增长率在1.27%～10.47%之间，2017年无锡市增长率依旧是江苏省内最低，但已经告别了负增长。第二产业增长率除了盐城市在4%以下，其他城市均在4%以上。第三产业增长率全都在9%以上，较上年下降一个百分点，其中苏州市产生了数值为9.98%的负增长。从中能够看出江苏区域发展较为平衡，仍有很大的发展空间，但苏州的经济发展速度明显下降。

浙江的地区生产总值增长率及三产增长率相对于江苏省来说波动较大。舟山的地区生产总值增长率是-1.73%，在浙江省最低，2016年大部分城市增长率均在8%以上，2017年却有7个城市增长率低于8%。绍兴、衢州、嘉兴、义乌、金华的第一产业增长率均为负，其余均在1.24%～10.87%之间，其中舟山第一产业增长率最高，为10.87%。金华、丽水、义乌和舟山第二产业增长率均为负增长，其中舟山为-21.01%。嘉兴的第二产业增长率为15.29%，其他城市均在2.55%以上。第三产业增长率差距相对较小，在7.54%～15.11%之间。总体来看，浙江省的第三产业增长率最高。

2017年安徽省地区生产总值增长率较高，各地市均在5%以上，

其中铜陵市地区生产总值增长率最高，为 17.22%。第一产业增长率仅有宿州市为负。铜陵市的第二产业增长率为 21.9%，比 2016 年高出将近 20 个百分点，在安徽省最高。第三产业增长率总体较高，其中淮北市最高，为 17.25%；池州市最低，为 9.26%，其他城市均在 10%以上。

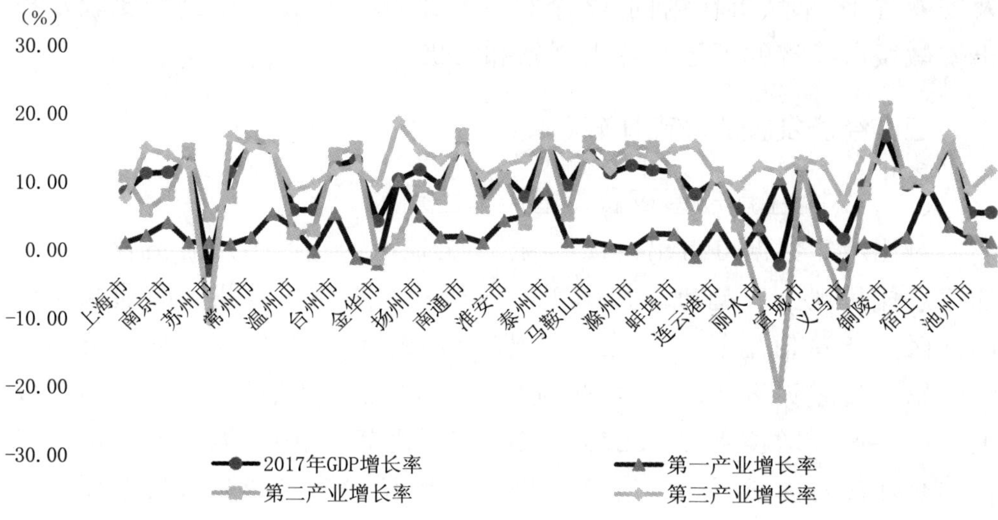

图 1-38 2017 年长三角部分城市 GDP 及三次产业生产总值的增长率

人均生产总值方面，安徽省处在相对较低的水平，如图 1-39 所示。其中阜阳人均生产总值为 19536 元，处在最低水平；镇江人均生

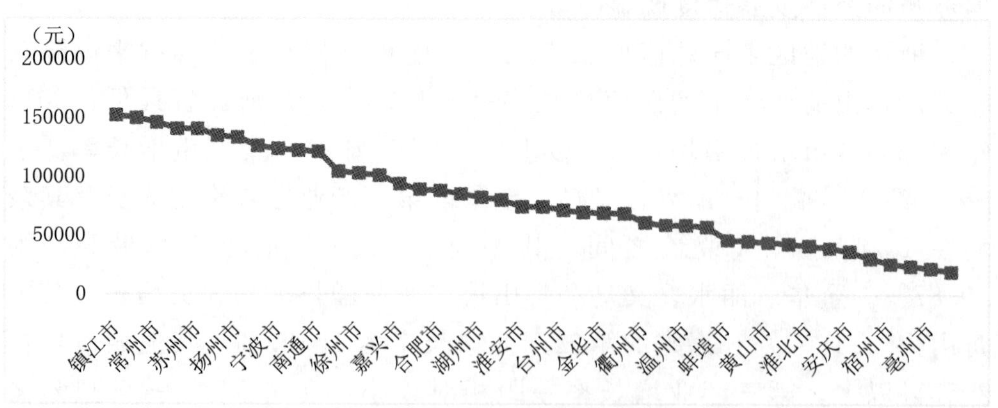

图 1-39 2017 年长三角部分城市人均生产总值

产总值为 152461 元，处在最高水平。从省内部来看，皖南高于皖北，浙江省内浙北高于浙南，江苏省内苏南高于苏北。从省际来看，上海市人均生产总值为 126634 元，江苏省人均生产总值为 107150 元，浙江省人均生产总值为 92057 元，安徽省人均生产总值为 43401 元，表明安徽省经济发展水平在长三角城市中明显落后于其他三个省市，但增长态势较好。

（二）三产占比偏低

如图 1－40 所示，2017 年安徽省三次产业比重为 9.56∶47.52∶42.92，其中第三产业比重明显低于其他三个省市。2017 年全国三次产业比重为 7.6∶40.5∶51.9，安徽省的第三产业比重落后于全国第三产业比重。并且，相对于其他三个省市，安徽省的第一产业和第二产业比重相对较高。其中，第一产业比重远远大于其他三个省市和全国第一产业比重。第二产业比重略高于江苏省和浙江省，安徽省过高的第一产业、第二产业比重和较低的第三产业比重表明安徽省仍处在工业化进程之中，第三产业的发展仍有很大的提升空间。

图 1－40　2016 年长三角三省一市三次产业比重

上海市第一产业比重仅为 0.36%，第二产业比重为 30.46%，第三产业比重为 69.18%，基本与上一年持平，表明上海市的产业集中在高新技术类产业和服务类产业上。江苏省的第二产业和第三产业比重接近，其中宿迁、泰州、苏州和盐城的第二产业比重均大于第三产业比重，连云港、淮安、盐城和宿迁的第一产业比重相对较高，均在 7%～9%之间。浙江舟山的第一产业比重相对较高，达到 11.52%，宁波、嘉兴、绍兴的第二产业比重比第三产业比重高。其中，义乌的第三产业比重为65.93%，位于浙江省第一；杭州第三产业比重为62.92%，位列第二。安徽省内的城市第一产业比重相对较高，除合肥、淮北、马鞍山、芜湖、铜陵、黄山在10%以下，其余都在11%以上，其中阜阳市第一产业比重为19.77%，在安徽省内最高，除亳州、宿州、滁州和黄山以外，其他城市第二产业比重均大于第三产业比重，黄山的第三产业比重为54.34%，排名安徽省最高，其余城市的第三产业比重相对较低，大部分集中在34%～45%之间（图1-41）。

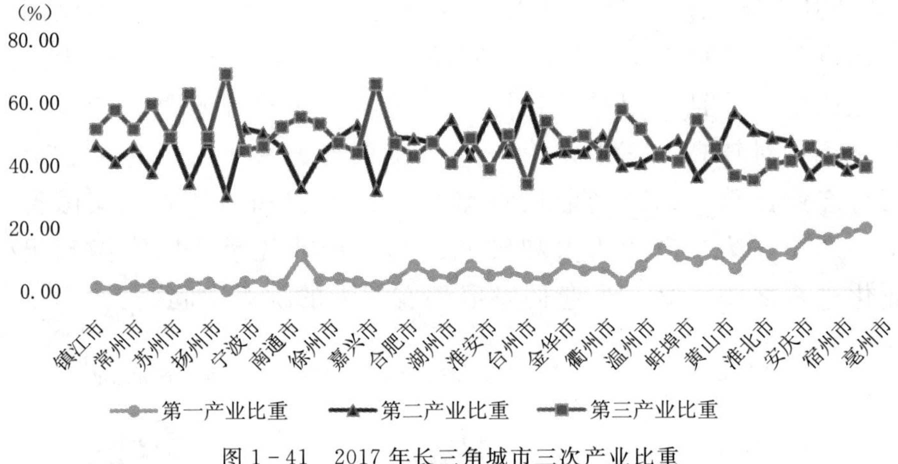

图1-41　2017年长三角城市三次产业比重

（三）财政收支各地市差别较大

如图1-42所示，2017年上海市公共财政预算收入增长率为3.69%，公共财政预算支出增长率为9.09%；江苏省公共财政预算收入增长率为0.62%，公共财政预算支出增长率为6.4%；浙江省公共财政预算收入增长率为9.48%，公共财政预算支出增长率为4.97%，基本与上年持平。安徽省公共财政预算收入增长率为5.23%，公共财政预算支出增长率为12.33%。淮安市的公共财政预算收入和支出的增长率均为负增长，公共财政预算收入和支出增长率分别为-26.02%和-7.44%，达到所有长三角城市中的最低值。浙江省整体增长率较为平稳，安庆市、池州市的公共财政预算收入的增长率为负，阜阳市公共财政预算收入和支出增长率分别为18.12%和18.27%，达到所有长三角城市中的最高值。

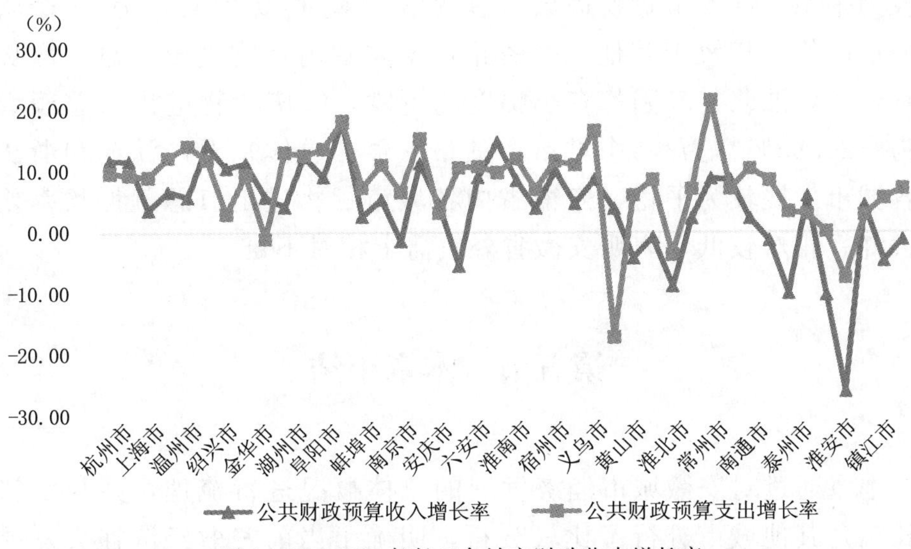

图 1-42　2017 年长三角城市财政收支增长率

(四) 社会消费品零售总额和货物进出口总额增长率各地市差别较大

如图 1-43 所示，2017 年上海市社会消费品零售总额增长率为 8.07%，江苏省社会消费品零售总额增长率为 10.56%，浙江省社会消费品零售总额增长率为 10.64%，安徽省社会消费品零售总额增长率为 11.92%。四个省市的社会消费品零售总额增长率相差不大，总

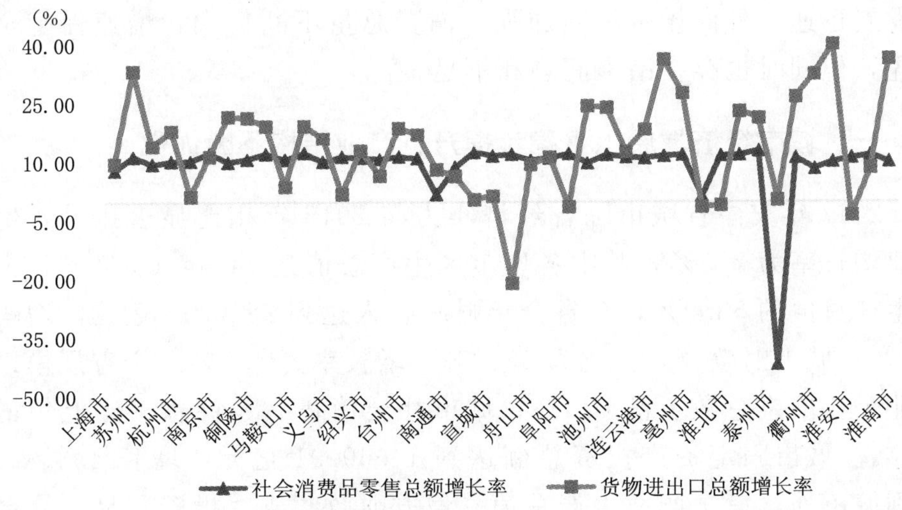

图 1-43　2017 年长三角城市社会消费品零售总额和货物进出口总额增长率

体较为平稳。淮安市货物进出口总额增长率为 40.31%，为 42 个城市中的最高值。相较于其他三个省市，安徽省内货物进出口总额增长率差别较大，淮北、阜阳都有小幅度的下跌，安庆货物进出口总额增长率为−20.85%，为 42 个城市中的最低值。总体来看，江苏和浙江内部各城市发展较为平稳，安徽省内各城市货物进出口总额增长率差别较大并且相对较低，表明安徽省外贸需求相对不足。

第五节　本章小结

本章通过对安徽城市经济发展的总体概况进行梳理，并与中部以及长三角其他城市进行了比较分析，明确了当前安徽经济社会发展的优势和不足。分析结果表明，安徽城市大部分主要经济指标的增幅都在一个合理的、较快的区间，增幅在中部主要城市中排名靠前，但在长三角城市中仍处于落后位置。在当前背景下，安徽省经济社会发展成效显著，为加速崛起、打造安徽经济升级版奠定了坚实基础。2017 年全省工业经济运行稳中加快、结构优化、质量提升，在结构调整方面也取得新的成就，第三产业比重有所上升，产业结构不断优化。外贸发展迅速，外商投资不断加强，消费总量不断扩大，增速保持全国领先，但同时也存在诸多问题和不足。

一、城市经济发展水平稳步提升，产业结构不断优化

2017 年安徽省城市综合经济实力与 2016 年相比显著提升，生产总值增长率为 8.5%，其中各地市区生产总值达 14844.65 亿元，占全省生产总值的 53.9%，全省全年财政收入达到 2812.45 亿元，增幅为 5.2%；城市财政收入占比为 55.8%，增长率为 4.6%。全省规模以上工业企业单位总数上涨 0.4%；城市社会消费品零售总额比上年增长 9.6%。城市固定资产投资总额达到 14669.91 亿元，增长 4.3%。除个别城市外，三次产业生产总值、地方财政收支、投资贸易、社会消费品零售总额和金融机构存贷款都有明显增长。2017 年全省城市项目

建设水平均有所提高，城市设施不断完善，邮政通信方面也有较大进展。省内经济活力显著增强，城镇化率提升，工业经济发展创新且项目投资增加。民生方面也有较大成效，城市公共设施逐步完善，教育和医疗卫生投资不断增加，社会保障机构和覆盖人数不断增加。但省内各城市直接差距较大，城市间经济发展不均衡。

三次产业结构不断优化，第三产业有较大增幅。在安徽省的三次产业结构中，第一产业和第二产业占比分别下降，而第三产业占比显著提升。2017 年安徽省第一产业生产总值为 2582.27 亿元，相对于 2016 年增长了 0.57%。第二产业生产总值为 12838.28 亿元，其中工业生产总值为 10916.31 亿元，建筑业生产总值为 1943.56 亿元。第三产业生产总值为 11597.45 亿元，相对于 2016 年增长率为 16.44%。总体来看，安徽省产业结构日渐合理，三大产业均有增幅，经济发展稳中有升。其中合肥市第三产业生产总值达到 3297.63 亿元，占据了全省的 28.43%，其次是芜湖市，最低的是池州市 284.12 亿元。在增长率方面，增长最快的城市是淮北市，达到 17.25%，其次是合肥市 16.81%，除池州市增长率 9.26%之外，其他几个城市的增长率也都在 10%以上。总体来说，安徽省各城市的第三产业增长率较高，但是差距较大，合肥市第三产业比重最高，表明安徽省第三产业发展地区上不平衡，虽然对经济贡献越来越大，但一些地区的发展能力相对不足。

二、经济发展潜在动力强

（一）社会消费品零售总额增长快速，对经济增长贡献大

2017 年安徽省社会消费品零售总额相比 2016 年增长率达到 11.92%。从城乡两方面来比较，城镇社会消费品零售总额相比于 2016 年增长 6.52%，在全省的占比为 83.96%，其中城区零售总额为 60943260 万元，相比于 2016 年增长率为 10.32%。合肥市社会消费品零售总额排名第一，为 27285104 万元，增长率为 11.56%。增长率最高的是蚌埠市 12.60%，增长率最低的是黄山市 11.40%。2017 年全省 16 个城市的增长率都在 11%以上，表明安徽省居民消费水平和能力不断提高。2017 全省社会消费品零售总额对经济增长的贡献率达到

了41.12%，全省16个地市的社会消费品零售总额对经济增长的贡献率均为正，表明各地市的消费对经济发展起到了促进作用。

（二）固定资产投资总额增速放缓，对经济增长贡献的地区差异较大

2017年安徽省固定资产投资总额比2016年增长9.07%，增幅比上年下降2.58个百分点。合肥市的固定资产投资总额排名第一，为63514289万元，占全省的比重为21.76%；最低的是黄山市，为6468997万元，占全省的比重为2.22%。增长率最高的城市是阜阳市，达到26.29%，其次是亳州市，为21.98%，淮北市、宿州市、蚌埠市、滁州市、安庆市、六安市、芜湖市、宣城市、铜陵市的增长率都在10%以上。总体来看，安徽省各地市的固定资产投资增长率均处于上升水平，但省内各地市之间的发展差距较大。2017年安徽省固定资产投资对经济增长具有重要的拉动作用，全省固定资产投资对经济增长的贡献率达到83.72%。合肥市固定资产投资对于经济增长的贡献率为50%以上，总体来看，2017年各地市固定资产投资的发展对拉动各地市经济增长均起到了突出作用。

（三）对外贸易总体上升，省内差距缩小

2017年安徽省进出口总额为5363607万美元，同比增长20.86%。进出口总额最高的城市是合肥市，为2495869万美元，占全省比重为46.53%，其次是芜湖市637683万美元，铜陵市554566万美元，马鞍山市380465万美元，滁州市277479万美元，其他11个城市的进出口总额都在200000万美元以下。进出口总额增长率最高的城市是六安市，达到36.4%，合肥市33.6%，淮北市、阜阳市和安庆市的进出口总额是下降的，其中安庆市下降幅度最大，为－20.8%，其次是阜阳市，为－1.2%，淮北市为－0.8%。

（四）创新能力提升，省内各城市的创新能力差距相对较大

随着对经济发展质量的更加重视，安徽省创新能力不断提升，2017年各地市省级以上开发区共实现销售收入408010464万元。其中，合肥市139809706万元，占全省比例为34.27%；芜湖市实现销售收入59535207万元；蚌埠市、阜阳市、安庆市、滁州市和铜陵市的销售收入均达到20000000万元以上。全省工业生产总值（当年价格）

达到283853449万元，合肥市达到87834817万元，芜湖市达到44479399万元。各地市省级以上开发区的出口总额为2115652万美元，进口总额为1337213万美元。合肥市和芜湖市的进出口总额分别占一、二位。在税收总额方面，2017年全省各地市省级以上开发区实现税收总额12049495万元，其中合肥市的税收总额最高，为5011546万元，占比41.59%。在固定资产投资总额方面，各地市省级以上的开发区在2017年共实现投资104869499万元，合肥市实现投资31337337万元，芜湖市实现投资16843050万元，分别占比29.88%和16.06%。在实际利用外商直接投资方面，共实现实际直接利用外商投资950023万美元，其中最高的是芜湖市217549万美元，其次是合肥市192545万美元。从全省各地市省级以上开发区的主要经济指标来看，合肥市和芜湖市的创新驱动能力显著高于其他城市。

三、城市经济在中部主要城市排名靠前，但与长三角城市差距明显

在中部六省中，安徽省经济总量偏中前位置，合肥市在主要城市中增速排名第一。2017年合肥市的地区生产总值在全国36个主要城市中排名17位，第一产业增加值排名16位，第二产业增加值排名15位，第三产业增加值排名21位，整体处于中等靠前的位置，第三产业增加值相对偏后。在经济持续快速发展的同时，我们必须看到：合肥与增幅靠前的城市相比仍然存在较大的差距，经济结构有待进一步优化，特别是第三产业发展滞后于经济增长。在中部六省会的比较中，南昌市第一产业和第二产业占比最高，太原市的第三产业占比排名第1，合肥市的第一产业与第二产业比重均排第2，第三产业排第5，表明合肥市仍需优化产业结构，大力发展第三产业。合肥市的公共预算收入增长率为6.7%，位列第17，低于全国水平，在中部六省会中，合肥市公共预算收入增长率排名第3，合肥市的公共预算支出增长率为12.38%，位列第11。在中部六省会城市中合肥市的公共预算支出增长率高于南昌，位列第5。对外贸易与货物进出口方面，货物进出口总值排名居中，社会消费品总额排名靠前，2017年全国36个主要城市中，货物进出口总值最高的城市是上海市，为476196.65亿元，

合肥市是24958.69亿元位居第18名，总体靠后。在中部城市中，河南郑州市货物进出口总值为59635.45亿元，排名第1，合肥市排名第3，南昌市排名第6。社会消费品零售总值为4146.1亿元，位居第15名，总体偏中前。在中部六省会中，合肥排名第2。

安徽省16个地市与其他长三角地区城市相比，经济发展仍较为落后。从人均生产总值方面可以明显看出，安徽省处在最低的水平。其中安徽省阜阳市的人均生产总值为19536元，处在最低水平。镇江市的人均生产总值为152461元，处在最高水平。从省际来看，上海市人均生产总值为126634元，江苏省人均生产总值为107150元，浙江省人均生产总值为92057元，安徽省人均生产总值为43401元，可见安徽省在长三角城市中明显落后于其他三个省市，但安徽省人均生产总值的增长率排名比较靠前。相对于其他三个省市，安徽省的第一产业和第二产业比重相对较高。其中，第一产业比重远远高于其他三个省市，第二产业比重略高于江苏省和浙江省。安徽省过高的第一产业、第二产业比重和较低的第三产业比重表明安徽省仍处在工业化进程之中，第三产业的发展仍有很大的提升空间。公共预算方面，安徽省公共财政预算收入增长率为5.23%，公共财政预算支出增长率为12.33%。从省际来看，江苏省内淮安市的公共财政预算收入和支出的增长率均为负增长，公共财政预算收入和支出增长率分别为−26.02%和−7.44%，达到所有长三角城市中最低；浙江省整体增长率较为平稳。安徽省内，安庆市、池州市的公共财政预算收入的增长率为负，其中阜阳市的公共财政预算收入和支出增长率分别为18.12%和18.27%，达到所有长三角城市中最高。相较于其他三个省市，安徽省内的货物进出口总额增长率差别较大，淮北、阜阳都有小幅度的下跌，安庆市货物进出口总额增长率为−20.85%，为长三角42个城市最低。合肥市、芜湖市等8个城市作为刚刚加入长三角的城市，与其他省市的城市相比，发展仍较为落后。合肥市要积极适应新常态，推动供给侧结构性改革，采取措施来稳增长、调结构、促改革、惠民生，经济运行稳中有进，不断改善城乡居民生活，提升综合经济实力，推动经济、政治、文化、环境、需求以及第三产业等方面的发展仍任重道远。

第二章　安徽城市竞争力评价

中国特色社会主义进入新时代，我国社会主要矛盾已经转化为人民日益增长的美好生活需要和不平衡不充分的发展之间的矛盾。大力提升发展质量和效益是当前经济工作的重中之重。在经济全球化背景下，城市竞争力是国家竞争能力和区域竞争能力的重要组成部分。挖掘城市比较优势、培育城市对外辐射能力、探索区域城市协同发展机制、提升城市竞争能力对区域经济社会发展具有重要的现实意义。本章通过分析比较安徽省 16 个地市的综合竞争力、产业竞争力、可持续发展能力、城乡融合发展、城市生态环境质量，客观评价各地市的经济、社会、生态、环境等方面的发展水平与潜力，为制定科学的城市发展政策提供一定的决策依据。

第一节　综合竞争力分析

安徽省位于长江中下游，依托“黄金水道”，靠近长三角地区，秉持区位优势，承接长三角地区的产业转移和经济辐射。分析安徽省的城市竞争力，挖掘城市在经济、社会、环境、科技等方面的能力，有利于形成以城市为中心的经济辐射区域，提高周边地区的经济发展水平，从而促进区域经济协调健康发展。

城市竞争力内涵丰富，首先，竞争的主体是城市。其次，城市竞争力是城市综合发展能力的集中体现。城市竞争力是城市经济实力、社会发展水平、科技创新能力、资源禀赋以及生态环境质量、政府能动力诸多因素相互作用的结果，竞争力的提升不是一蹴而就的，是各种因素持续不断健康发展的结果。最后，城市竞争力反映城市的集聚和扩散能力，城市充分吸纳本身及周边地区的积极因素，在增强自身发展能力成为区域增长极的同时，将优势辐射到周边地区，形成系统的集聚及扩散效应体系，进一步增强以城市为中心的区域经济整体实力。

一、城市综合竞争力指标体系构建

城市综合竞争力涉及城市多方面的发展能力，其指标体系的构建也极为复杂。本节从经济结构、社会结构、环境结构、空间结构 4 个方面着手构建指标体系，为尽可能准确评价安徽省 16 个城市的综合竞争力，本章选取 9 个二级指标、83 个三级指标，从基础竞争力、产业竞争力、政府能动力、社会发展水平、基础设施、生态环境质量、城乡融合、可持续发展能力、创新能力九个层次构建具体的城市综合竞争力评价指标体系。

（一）基础竞争力

基础竞争力反映城市发展的基本能力以及未来发展的潜力。具体指标如下。

（1）总量竞争力：市辖区生产总值（亿元），非农生产总值（亿元），财政支出（亿元），耕地面积（千公顷），固定资产投资额（亿元），实际利用外资（万美元），社会零售商品总额（万元）；

（2）速度竞争力：GDP 增长率，非农业生产总值增加率，财政收入增加率，固定资产投资增加率，社会零售商品总额增加率；

（3）人均竞争力：人均生产总值（元），人均非农业生产总值（元），人均财政收入（元），人均耕地面积（平方米），人均固定资产投资（元），人均零售商品总额（元）。

（二）产业竞争力

产业竞争力是城市竞争力的核心组成部分，产业结构的高度化、专业化以及主导产业发展是城市产业竞争力的重要内容。具体指标如下。

（1）产业结构高度化：第二产业生产总值（亿元），第三产业生产总值（亿元），第二产业占市辖区生产总值比重，第三产业占市辖区生产总值比重，第二产业生产总值增长率，第三产业生产总值增长率。

（2）产业结构专业化：第二产业专业化系数，第三产业专业化系数。

产业专业化系数＝城市产业生产总值占市辖区生产总值的比重/全省产业生产总值占全省生产总值的比重

（3）主导产业发展：规模以上工业生产总值（亿元），规模以上工业企业数，主导产业生产总值增长率。

（三）政府能动力

政府能动力反映了政府积极转变职能、主动参与社会经济发展、努力改善人民生活的能力。具体指标如下：一般公共服务支出；一般公共服务支出增加值；城乡社区事务支出；城乡社区事务支出增加值。

（四）社会发展水平

社会发展水平反映了城市在环境、人口、经济、就业、社会保障、科学教育、文化卫生等方面的发展状况。具体指标如下：科教文卫事业费用财政支出（亿元）；普通高等学校在校学生数（万人）；科教文卫事业支出占财政支出比重增长率；市内城镇化率；年末总户籍人口（万人）。

（五）基础设施

基础设施是增强经济发展能力、提高经济发展速度的基础因素，具体指标如下。

（1）交通竞争力：公路里程数（千米），市区人均铺装道路面积（平方米），公共汽车辆（每万人）；

（2）电讯竞争力：本地电话年末用户数（万户），国际互联网用户数（万户），人均邮电业务总量（元）；

（3）社会服务能力：医疗卫生机构数（个）；单位人口拥有公共图书馆藏量（本）。

（六）生态环境质量

快速城镇化背景下，生态环境问题逐渐显露，大气污染、水污染、固体废弃物污染、噪声污染日益严重，生态环境质量是关乎城市可持续健康发展的重要因素，需要各城市加以重视，具体指标如下。

(1) 能源消耗情况：万元 GDP 能耗（吨/标准煤），万元 GDP 废水排放量（吨/万元），万元 GDP 废气排放量（立方米/万元），万元 GDP 固体废弃物排放量（吨/万元）；

(2) 空气及绿化情况：人均公共绿地面积（平方米），建成区绿化覆盖率；

(3) 工业污染情况：工业固体废弃物综合利用率，工业废水处理率；

(4) 城市环境污染情况：城市生活垃圾无害化处理率，城市污水处理率，二级以上良好天气率。

（七）城乡融合

城乡融合发展是指城乡实行一体化发展，打破相互分割的壁垒，逐步实现生产要素的自由流动和合理配置，促进城乡之间经济水平的提高，缩小城乡差距，同时使得城乡生态环境有机结合，实现城乡健康发展，具体指标如下。

(1) 经济融合：城乡人均收入差异系数，非农产业增加值占市内生产总值比重，一般公共服务支出占总支出比重；

(2) 人口融合：城市人口密度，农业人口与非农业人口比例；

(3) 空间融合：建成区面积比例，公路路网密度；

(4) 生态环境融合：农村自来水普及率，环保支出占总支出的比重。

（八）可持续发展能力

可持续发展为既能满足当代人的需要，又不对后代人满足其需要的能力构成危害的发展，包括社会可持续发展、生态可持续发展以及经济可持续发展，具体指标如下。

(1) 经济发展：市辖区人均生产总值增长率，市辖区生产总值增加值，地方财政收入；

(2) 社会发展：城镇居民人均可支配收入（元），教育支出，社会保障和就业支出，城镇职工基本医疗保险参保人数（万人），普通高等学校专任教师数（人）；

（3）资源与环境：节能环保支出，节能环保支出增加值。

（九）创新能力

创新能力是一个城市健康稳定发展的源泉和动力，城市依靠科技、知识、人力、文化等创新要素驱动发展，对区域内城市起到辐射和引领作用，具体指标如下。

（1）创新条件与支撑：研究与试验发展（R&D）经费（万元），研究与试验发展（R&D）机构数（个），教育经费投入占财政支出比重；

（2）产业创新能力：工业企业新产品销售收入，技术改进经费支出，R&D 投入占财政支出比重，专利申请量。

二、样本选取、数据来源及模型构建

本报告研究对象为安徽省 16 个地市，笔者通过查阅相关文献，最终确定 9 个二级指标以及 83 个三级指标。三级指标的数据主要来源于《2018 年安徽省统计年鉴》《安徽省统计公报》以及各地市 2018 年统计年鉴，所有数据均采用市辖区数据。部分指标数据可以从统计年鉴中直接获得，如市辖区年末户籍人口；部分指标数据需要经过简单计算，如市辖区人均生产总值＝［市生产总值－县（市）生产总值］/市辖区年末户籍人口；部分指标数据需要进行精确处理，如合肥市内第二产业专业化系数＝合肥市内第二产业生产总值占合肥市内生产总值的比重/安徽省内第二产业生产总值占安徽省内生产总值的比重。

三、城市综合竞争力分析

主成分分析法是考察许多变量之间相互关系的一种统计方法。其对构成城市综合竞争力的指标体系由下而上逐级综合，确定各层次指标综合函数的权系数，进而构建各层指标的计量模型。基于降维的思想，从研究的多个指标中，分析在时间序列上各个指标的变化态势，把变化态势在一定范围内一致的变量进行合并，使多个指标变量降维为少数几个能够尽可能多地携带原始指标信息的主成分变量，最后合并成一个综合性的评价指标——城市综合竞争力。

笔者查询数据并进行标准化处理，将标准化数据录入 SPSS 软件计算得出安徽省 16 个地市 9 个二级指标得分如下，见表 2－1 所列。

表 2－1 安徽省 16 个地市二级指标得分

城 市	基本竞争力得分	产业竞争力得分	城市创新能力得分	城市生态环境得分
合肥市	2.0744	2.4982	2.5753	0.6232
淮北市	－0.2055	－0.0865	－0.3981	－0.0946
亳州市	－0.4042	－0.0062	－0.4854	－0.0366
宿州市	－0.3292	－0.3697	－0.3540	0.2013
蚌埠市	0.2721	－0.1553	－0.2582	0.7425
阜阳市	－0.2424	－0.7390	0.1375	0.0215
淮南市	－0.2371	－0.1423	－0.1602	－1.244
滁州市	－0.2697	－0.0129	0.2583	0.0016
六安市	－0.3913	－0.5590	－0.2634	0.4719
马鞍山市	0.4463	0.2388	0.0947	－1.0931
芜湖市	0.9265	0.6168	0.6532	0.2399
宣城市	－0.5860	－0.6554	－0.2634	－0.074
铜陵市	0.1792	0.5814	－0.0299	－0.329
池州市	－0.4367	－0.3774	－0.6499	0.2524
安庆市	－0.2744	－0.0991	－0.0584	－0.2152
黄山市	－0.5219	－0.7324	－0.7981	0.5323

城 市	基础设施得分	可持续发展能力得分	社会发展得分	政府能动力得分	城乡融合得分
合肥市	1.9697	2.9333	2.1702	3.0588	－0.6386
淮北市	－0.5196	－0.2955	－0.2017	－0.3170	0.4620
亳州市	－0.3466	－0.5035	－0.7934	－0.1527	0.5889
宿州市	－0.1693	－0.4979	－0.6136	0.0523	0.0937
蚌埠市	0.0308	－0.0859	－0.0514	0.0778	－0.4938
阜阳市	0.3073	－0.2163	－0.5127	－0.2737	0.0355
淮南市	－0.3268	0.2009	－0.1491	－0.3452	－0.0230

（续表）

城　市	基础设施得分	可持续发展能力得分	社会发展得分	政府能动力得分	城乡融合得分
滁州市	0.2800	－0.3752	0.3260	－0.4011	0.0394
六安市	－0.0779	－0.3117	－0.3922	0.1248	0.6228
马鞍山市	－0.0697	0.2140	0.2247	－0.1816	0.9253
芜湖市	0.4015	0.9316	1.1617	0.3413	－0.3080
宣城市	－0.1948	－0.5698	－0.8809	－0.5465	－0.1497
铜陵市	－0.5343	－0.0558	0.1900	－0.2321	0.5072
池州市	－0.5073	－0.5597	－0.5173	－0.5629	－0.4441
安庆市	0.0810	－0.4064	0.1827	－0.3371	－1.0112
黄山市	－0.3242	－0.4020	－0.1430	－0.3051	－0.2065

得到各二级指标得分之后，运用熵值法确定各三级指标的权重，二级指标权重即各二级指标体系下的三级指标权重之和。基础竞争力、产业竞争力、创新能力、生态环境质量、基础设施、可持续发展能力、社会发展水平、政府能动力、城乡融合在综合竞争力指标体系中的权重分别为：0.2425、0.1036、0.114、0.0636、0.077、0.168、0.063、0.11、0.0583。确定权重之后，综合竞争力得分为各二级指标乘以各指标权重的加权累计和，安徽省 16 个地市的综合竞争力得分及排名见表 2－2 所列。

表 2－2　安徽省 16 个地市的综合竞争力得分及排名

城　市	综合竞争力得分	排　名
合肥市	2.175549854	1
芜湖市	0.658547693	2
马鞍山市	0.152947895	3
铜陵市	0.044843337	4
蚌埠市	0.032141363	5
滁州市	－0.099921961	6
六安市	－0.185909646	7
阜阳市	－0.191294505	8

（续表）

城　市	综合竞争力得分	排　名
淮南市	－0.209739413	9
淮北市	－0.220506955	10
安庆市	－0.243690479	11
宿州市	－0.269834048	12
亳州市	－0.300097528	13
黄山市	－0.406685298	14
池州市	－0.456545402	15
宣城市	－0.479802832	16

对安徽省综合竞争力评价指标体系计算结果进行比较分析，结果如下：

（1）2017 年安徽省城市综合竞争力排名前五名的城市分别为：合肥、芜湖、马鞍山、铜陵、蚌埠。2017 年综合竞争力前五名城市的规模为：市辖区生产总值为 9510.81 亿元，占全省生产总值的 63.88%；平均市辖区生产总值为 1902.16 亿元，比全省平均值高了 971.6 亿元；平均市辖区生产总值增长率为 15.51%，比全省平均值高了 1.56 个百分点。非农生产总值为 9414.96 亿元，占全省总值的 65.67%；平均非农生产总值为 1882.99 亿元，比全省平均值 896.1 亿元多了 986.89 亿元。平均财政支出为 263.08 亿元，比全省平均财政支出 165.76 亿元多了 97.32 亿元。固定资产投资总额为 9070.2 亿元，占全省总额的 61.83%；平均固定资产投资额为 1814.04 亿元，比全省平均值 916.87 亿元高了 897.17 亿元。实际利用外资为 67.82 亿美元，占全省实际利用外资总额的 73.11%；实际利用外资平均值为 13.56 亿美元，比全省平均值高了 7.77 亿美元。社会消费品零售总额为 39073897 万元，占全省总额的 58.65%；社会消费品零售总额平均值为 39073897 万元，比全省平均值高了 3650845.4 万元。市区人均道路面积为 19.18 平方米，比全省平均值高了 3.53 平方米。本地电话年末用户数平均值为 139.39 万户，比全省平均值高了 25.61 万户。国际互联网用户数平均值为25.61万户，比全省平均值高了19.69万户。科教文卫事业费用财政支出为391.76亿元，占全省科教文卫财政支出总值的50.9%；平均科教文卫事业费用财政支出为78.35亿元，比全省平均值高了30.25亿元；人均科教文卫财政支出为5073.43元，比全省平均值高了1479.37元。普通高等学校在校学生数为78.57万人，占全省在校学生数的68.29%，平均城市化率为75.09%，比全省平均值高了20.91个百分点。

（2）相较于2016年综合竞争力排名，合肥市、芜湖市依旧处于全省前列，池州市及宣城市排名较为靠后，铜陵市、淮北市、淮南市上升势头强劲，阜阳市、亳州市、宣城市排名下降较为明显。铜陵市2017年综合竞争力在全省城市中上升较快，原因在于：2017年铜陵市市辖区生产总值增长率为17.22%，高于全省平均增长率13.95%；非农生产总值增长率为17.41%，高于全省平均增长率15.13%；固定资产投资总额增长率为10.55%，社会消费品零售总额增长率为12.25%，均高于全省平均水平；铜陵市第一产业生产总值占生产总值的比例仅有1.73%，第二产业与第三产业占比极高，2017年第二产业生产总值增长率为20.11%，第三产业生产总值增长率为12.74%，产业发展迅速，第二产业及第三产业专业化系数较大，专业化水平位于全省前列；主导产业增速为24.67%，增长速度为全省第一。铜陵市的万元GDP能耗、万元GDP废水排放量及废气排放量均低于全省平均水平，建成区绿化覆盖率为49%，环境保护效果显著。工业企业新产品销售收入为8216112万元，技术改进经费支出为187813万元，均高于全省平均水平，专利申请量增长迅速，创新能力不断提升。综合而言，铜陵市市辖区生产总值增速、非农生产总值增速、主导产业增速均位于全省首位，产业结构不断优化，环境保护效果显著，创新能力不断提升，推动铜陵市综合竞争力排名迅速上升。

此外，淮北市综合竞争力排名较2016年上升较为明显，可能的原因在于：2017年淮北市市辖区生产总值增长率为15.83%，高于全省平均增长率13.95%；人均市辖区生产总值增长率为16.14%，比全省平均增长率高2.07%。第二产业生产总值占市内生产总值的比重为

61.55%，2017 年第二产业生产总值增长率为 19.87%，比全省平均增长率高了 4.63 个百分点，第二产业发展势头较为迅猛，第二产业及第三产业专业化系数较高，专业化水平处于全省前列。在资源利用方面，淮北市万元 GDP 废水排放量及废气排放量均低于全省平均水平，资源利用水平有所提高。建成区绿化覆盖率为 44%，人均绿地面积为 16.7 平方米，均高于全省平均水平，环境保护效果初显。综合而言，淮北市由第二产业所带动的市辖区生产总值增长速度迅猛，第二产业及第三产业的专业化水平较高，资源利用水平提高，环境保护有所成效，推动了淮北市综合竞争力上升。

阜阳市综合竞争力排名下降幅度较为明显，可能的原因是，2017 年阜阳市市辖区生产总值增长率为 11.9%，比全省平均水平低了 2.05 个百分点；人均市辖区生产总值也低于全省平均水平，第一产业生产总值占市辖区生产总值的比重为 11.69%，第一产业占比较高，产业结构不够合理；第二产业生产总值增长率为 10.65%，增速低于全省平均水平，第二产业及第三产业专业化系数较小，专业化水平不高；规模以上工业生产总值增速为−7.87%，相较于 2016 年工业生产总值下降幅度较大；地方财政收支、科教文卫支出及一般公共服务支出增长幅度较小，城乡收入差异化系数较大，城乡融合发展缓慢。与此同时，电话用户数、国际互联网用户数、医疗卫生机构数及人均邮电业务总量都不具有较强的竞争力，基础设施建设水平不足。

第二节　产业竞争力分析

习近平新时代中国特色社会主义思想认为，建设现代经济体系必须把发展经济的着力点放在实体经济上，把提高供给体系质量作为主攻方向。产业竞争力是区域竞争力的决定性因素。产业竞争力一般指某一地区的某个特定产业相对于其他地区同一产业的竞争能力。产业竞争力所比较的就是产业竞争优势以及比较优势，而比较优势主要体现在生产效率、满足市场需求以及持续获得经济利润等方面。城市经济的发展需要产业发展作为支撑，随着工业化的深入发展，改善产业结构成为产业发展的主旋律，研究安徽省 16 个地市的产业竞争力对促进产业结构改善至关重要。

一、城市产业竞争力指标体系构建

产业竞争力是一个比较概念，需要通过一定的评价指标体系进行分析。评价一个地区的产业竞争力，需要了解其产业结构以及特色产业的发展情况，因此本报告从产业结构高级化、产业结构专业化以及特色产业发展三个层次进行产业竞争力分析，具体指标如下。

(1) 产业结构高级化：第二产业生产总值（亿元），第三产业生产总值（亿元），第二产业占市辖区生产总值比重，第三产业占市辖区生产总值比重，第二产业生产总值增长率，第三产业生产总值增长率；

(2) 产业结构专业化：第二产业专业化系数，第三产业专业化系数；

(3) 特色产业发展：规模以上工业生产总值（亿元），主导产业生产总值增长率，规模以上工业企业数。

二、样本选取、数据来源及模型构建

产业竞争力研究对象为安徽省 16 个地市，评价指标体系 11 个三级指标相关数据主要来源于《安徽省统计年鉴》《安徽省统计公报》以及各地市统计年鉴，安徽省 16 个地市城市产业竞争力的 11 个三级指标标准化数据见表 2-3 所列。

表 2-3　安徽省 16 个地市城市产业竞争力的 11 个三级指标标准化数据

城　市	第二产业生产总值	第三产业生产总值	第二产业占市生产总值百分比	第三产业占市生产总值百分比	第二产业增长率
合肥市	0.6035	0.7394	−0.0034	0.0245	−0.0122
淮北市	−0.0244	−0.0752	0.0417	−0.0344	0.0467
亳州市	−0.0943	−0.0912	−0.0190	−0.0111	0.0148
宿州市	−0.0714	−0.0363	−0.0317	0.0213	−0.0383

（续表）

城　市	第二产业生产总值	第三产业生产总值	第二产业占市生产总值百分比	第三产业占市生产总值百分比	第二产业增长率
蚌埠市	－0.0148	－0.0115	0.0034	0.0079	－0.0594
阜阳市	－0.0901	－0.0515	－0.0419	0.0269	－0.0463
淮南市	－0.0422	－0.0465	0.0028	－0.0024	0.0513
滁州市	－0.0592	－0.1082	0.0550	－0.0527	0.0302
六安市	－0.0767	－0.0745	－0.0153	－0.0107	－0.0252
马鞍山市	0.0424	0.0121	0.0213	－0.0050	0.0629
芜湖市	0.2000	0.1336	0.0239	－0.0087	－0.0051
宣城市	－0.1101	－0.0988	－0.0251	0.0090	－0.0352
铜陵市	0.0328	－0.0456	0.0485	－0.0360	0.0491
池州市	－0.0959	－0.1019	0.0037	－0.0118	－0.0118
安庆市	－0.0791	－0.0561	－0.0150	0.0287	－0.0093
黄山市	－0.1204	－0.0879	－0.0488	0.0546	－0.0122

城市	第三产业增长率	第二产业专业化系数	第三产业专业化系数	主导产业生产总值（规模以上工业生产总值	主导产业产值增长率	规模以上工业企业数
合肥市	0.0112	－0.0034	－0.0688	0.5186	－0.0246	0.1561
淮北市	－0.0479	0.0417	0.0473	－0.0112	0.0199	0.0156
亳州市	0.0139	－0.0190	－0.0152	－0.0944	0.3004	－0.0321
宿州市	0.0079	－0.0317	－0.0282	－0.0758	－0.0886	0.0429
蚌埠市	0.0403	0.0034	0.0078	0.0158	－0.1052	0.0229
阜阳市	0.0057	－0.0419	－0.0387	－0.0969	－0.3112	0.0203
淮南市	－0.0270	0.0028	0.0073	－0.0661	0.0471	－0.0336
滁州市	0.0250	0.0550	0.0609	－0.0441	0.1871	－0.0023
六安市	0.0788	－0.0153	－0.0114	－0.0758	－0.1900	0.0032
马鞍山市	－0.0105	0.0213	0.0263	0.0084	0.1052	－0.0110
芜湖市	0.0025	0.0239	0.0290	0.2439	－0.1550	0.1219
宣城市	－0.0082	－0.0251	－0.0215	－0.1252	－0.1351	－0.0685

（续表）

城市	第三产业增长率	第二产业专业化系数	第三产业专业化系数	主导产业生产总值（规模以上工业生产总值	主导产业产值增长速	规模以上工业企业数
铜陵市	−0.0202	0.0485	0.0542	0.1092	0.3397	−0.0423
池州市	−0.0259	0.0037	0.0081	−0.1076	0.0358	−0.0601
安庆市	−0.0319	−0.0150	−0.0111	−0.0722	0.1607	−0.0620
黄山市	−0.0136	−0.0488	−0.0459	−0.1269	−0.1862	−0.0711

三、城市产业竞争力分析

利用主成分分析法测定安徽省各地市产业竞争力的基本步骤如下：

（1）首先对全部指标进行标准化（无量纲化）处理，得到一个新的矩阵。

（2）提取主成分，计算标准化矩阵的特征值，并根据特征值根确定相应的特征向量，再计算特征根的累计贡献率。根据累计贡献率大于85%的原则，确定主成分的个数和相应的特征向量矩阵。

（3）根据各个主成分在每个区域上的得分值，计算各主成分的最终得分值。

（4）计算综合评价总得分。综合得分的加权数由每个主因子的信息贡献率确定，即每个综合指标的权重由它对综合评价的贡献率确定，其大小取决于指标之间的差异。总得分越高说明产业竞争力越强；总得分越低说明产业竞争力越弱，解释的总方差见表2-4所列。

表2-4　解释的总方差

解释的总方差						
成分	初始特征值 a			旋转平方和载入		
	合计	方差的%	累积%	合计	方差的%	累积%
1	0.103	69.854	69.854	0.103	69.851	69.851
2	0.037	24.956	94.81	0.037	24.959	94.81
3	0.005	3.133	97.942			
4	0.001	0.917	98.859			

（续表）

解释的总方差						
成分	初始特征值 a			旋转平方和载入		
	合计	方差的%	累积%	合计	方差的%	累积%
5	0.001	0.5	99.359			
6	0.001	0.366	99.724			
7	0	0.204	99.928			
8	7.57E−05	0.051	99.979			
9	2.96E−05	0.02	99.999			
10	1.01E−06	0.001	100			
11	−1.00E−13	−1.00E−13	100			
提取方法：主成分分析						

2017 年安徽省 16 个城市产业竞争力得分及排名见表 2－5 所列。

表 2－5　2017 年安徽省 16 个城市产业竞争力得分及排名

城　市	FAC1	FAC2	得　分	排　名
合肥市	3.41404	−0.0655	2.498151378	1
芜湖市	1.06906	−0.64896	0.61684075	2
铜陵市	0.10051	1.92757	0.581430888	3
马鞍山市	0.09917	0.6297	0.238816732	4
亳州市	−0.5261	1.44908	−0.006190791	5
滁州市	−0.39686	1.06187	−0.012891369	6
淮北市	−0.20259	0.23859	−0.08646208	7
安庆市	−0.40364	0.75318	−0.099140475	8
淮南市	−0.29067	0.27284	−0.142342233	9
蚌埠市	−0.00497	−0.57624	−0.155340363	10
宿州市	−0.28915	−0.59503	−0.369664094	11
池州市	−0.57234	0.16832	−0.377382601	12
六安市	−0.38709	−1.04014	−0.558986591	13
宣城市	−0.61374	−0.7721	−0.655423706	14
黄山市	−0.61048	−1.07365	−0.732396154	15
阜阳市	−0.38514	−1.72953	−0.739011921	16

表 2－5 对安徽省各个地市产业竞争力的排名结果表明，在 2017 年，合肥市排名第一，芜湖市第二，铜陵市第三，马鞍山市第四，亳州市第五。2017 年安徽省排名前五位的城市产业竞争力发展情况：第二产业生产总值为 4671.73 亿元，占全省城市第二产业生产总值的 63.14％，第二产业生产总值的平均比重为 52.9％，比全省平均比重 48.41％多了 4.49 个百分点，同时第二产业生产总值平均增速为 17.41％，比全省平均增速高了 2.17 个百分点；第三产业生产总值为 4279.45 亿元，占全省城市第三产业生产总值的 61.68％，第三产业生产总值占生产总值的平均比重为 43.04％，平均增速为 14.61％；第二产业专业化系数分别为：0.9524、0.9524、1.2812、1.1091、0.8535；第三产业专业化系数分别为：1.1234、2.4156、2.7493、2.3799、1.8314；主导产业生产总值占全省主导产业生产总值的 63.19％，主导产业平均值为 2985.22 亿元，比全省城市平均值多了 1508.99 亿元；主导产业平均增速为 13.34％，比全省平均增速多了 6.66 个百分点。2017 年合肥市、芜湖市分别颁布《关于合肥市扶持产业发展“1＋3＋5”政策体系》《芜湖市扶持产业发展“1＋5＋6”政策体系》等文件，不断改善产业发展环境，扶持当地产业高质量发展。2017 年铜陵市出台《铜陵市战略性新兴产业发展引导资金管理办法》，在资金融通方面支持战略性新兴产业的发展，调整产业结构，使得铜陵市产业竞争力迅速增强。通过对安徽省 16 个地市产业竞争力的分析，结果表明：安徽省各地市的产业结构有所优化，第三产业生产总值占生产总值的比重有所提高，但第二产业在生产总值中所占比重依旧很大，产业结构还需进一步改善。

第三节　可持续发展能力分析

城市是一种代表着先进生产力的地域空间，进入经济发展新常态后，城市将从规模扩张型逐渐向质量效益型转变。这种转变是城市可持续发展能力提升的必然要求。城市可持续发展包括经济可持续、社会可持续和生态可持续三个方面的内容。

一、城市可持续发展能力指标体系构建

（一）反映城市经济可持续发展状况的指标

城市经济发展状况集中体现为城市生产力水平，而国内生产总值是城市生产力水平最具代表性的指标之一，人均生产总值越高，城市生产力水平就越高。国内生产总值增长率＝（2017 年国内生产总值－2016 年国内生产总值）/2016 年国内生产总值，体现了城市生产力水平的增长速度，地方财政收入反映地方经济发展的税收状况。因此，选取国内生产总值、人均国内生产总值、国内生产总值增长率、地方财政收入、国内生产总值增加值作为衡量城市经济发展状况的三级指标。

（二）反映城市社会可持续发展状况的指标

城市社会发展密切关系到人的发展状况，选取城镇居民人均可支配收入反映各地市居民人均可支配收入差距大小，城镇职工基本医疗保险参保人数反映各地市居民的医疗保险参保情况。城市教育水平关系到城市人才质量，也为城市的可持续发展奠定人才基础，城市教育支出和普通高等学校专任教师数反映了政府对教育的重视程度。社会保障与就业支出反映了政府对市内居民的社会保障力度。据此，选取城镇居民人均可支配收入、教育支出、社会保障和就业支出、城镇职工基本医疗保险参保人数、普通高等学校专任教师数作为社会发展状况的三级指标。

（三）反映城市生态可持续发展现状的指标

随着城市化步伐的加快，城市的环境问题也越来越严峻。环境是城市实现绿色可持续发展的基石，绿水青山就是金山银山。节能环保支出及其增加值反映各地市政府对生态保护的重视程度，建成区绿化覆盖率是反映城市生态环境保护状况的重要指标，而生活垃圾无害化处理率反映了城市对环境治理的力度。据此，选取节能环保支出、节能环保支出增加值、建成区绿化覆盖率以及生活垃圾无害化处理率作为衡量资源与环境的三级指标。

二、样本选取、数据来源及模型构建

笔者选取安徽省 16 个地市作为研究对象，通过查阅《2018 安徽省统计年鉴》《安徽省统计公报》以及各地市 2018 年统计年鉴，选择了反映安徽省 16 个地市城市可持续发展能力的 14 个三级指标，其标准化数据见表 2-6 所列。

表 2-6 安徽省 16 个地市城市可持续发展能力的 14 个三级指标标准化数据

城　市	市内生产总值	人均市内生产总值增长率	市内生产总值增长率	地方财政收入	市内生产总值增加值	城镇居民人均可支配收入	教育支出
合肥市	0.3481	−0.0232	0.0052	0.3407	0.3565	0.0183	0.2162
淮北市	−0.0268	0.0123	0.0113	−0.0461	−0.0222	−0.0042	−0.0315
亳州市	−0.0457	0.0011	0.0038	−0.0384	−0.0454	−0.0105	−0.0156
宿州市	−0.0257	−0.0141	−0.0126	−0.0353	−0.0351	−0.0092	0.0046
蚌埠市	−0.0077	−0.0041	−0.0037	0.0029	−0.0130	0.0000	−0.0177
阜阳市	−0.0347	−0.0204	−0.0122	−0.0174	−0.0425	−0.0092	0.0289
淮南市	−0.0224	0.0771	0.0081	−0.0283	−0.0194	−0.0020	−0.0014
滁州市	−0.0446	0.0094	0.0175	−0.0233	−0.0392	−0.0068	−0.0229
六安市	−0.0357	−0.0234	−0.0208	−0.0260	−0.0477	−0.0118	0.0285
马鞍山市	0.0126	0.0204	0.0219	−0.0140	0.0302	0.0275	−0.0343
芜湖市	0.0871	−0.0018	0.0038	0.0938	0.0881	0.0108	0.0613
宣城市	−0.0544	−0.0156	−0.0154	−0.0606	−0.0600	0.0064	−0.0549
铜陵市	−0.0044	0.0182	0.0195	−0.0251	0.0083	0.0057	−0.0251
池州市	−0.0520	−0.0120	−0.0115	−0.0495	−0.0567	−0.0074	−0.0518
安庆市	−0.0374	−0.0101	−0.0089	−0.0285	−0.0431	−0.0066	−0.0293
黄山市	−0.0562	−0.0137	−0.0059	−0.0448	−0.0588	−0.0009	−0.0547

（续表）

城　市	社会保障和就业支出	城镇职工基本医疗保险参保人数	普通高等学校专任教师数	节能环保支出	节能环保支出增加值	建成区绿化覆盖率	生活垃圾无害化处理率
合肥市	0.1304	0.2700	0.5115	0.3694	0.6649	0.0015	0.0001
淮北市	−0.0144	0.0068	−0.0349	−0.0563	−0.1357	0.0040	0.0001
亳州市	−0.0206	−0.0560	−0.0664	−0.0328	−0.1612	−0.0164	0.0001
宿州市	−0.0387	−0.0446	−0.0562	−0.0343	−0.1271	−0.0016	0.0001
蚌埠市	0.0131	0.0049	−0.0164	−0.0441	−0.0615	−0.0025	0.0001
阜阳市	0.0309	−0.0319	−0.0365	−0.0308	−0.0486	−0.0110	0.0001
淮南市	0.0459	0.0079	−0.0104	−0.0352	−0.0545	0.0047	0.0001
滁州市	−0.0296	−0.0446	−0.0255	−0.0581	−0.0480	−0.0018	0.0001
六安市	−0.0067	−0.0416	−0.0410	0.0123	0.0214	−0.0015	0.0001
马鞍山市	−0.0002	0.0106	−0.0172	−0.0416	−0.1159	0.0035	0.0001
芜湖市	0.0527	0.1478	0.0685	0.0593	0.2019	−0.0009	0.0001
宣城市	−0.0473	−0.0687	−0.0755	−0.0780	−0.0818	−0.0017	0.0001
铜陵市	−0.0189	−0.0171	−0.0506	−0.0040	0.0101	0.0122	−0.0021
池州市	−0.0403	−0.0647	−0.0544	−0.0023	−0.0505	0.0021	0.0001
安庆市	−0.0171	−0.0242	−0.0342	−0.0606	−0.0746	0.0024	0.0001
黄山市	−0.0391	−0.0547	−0.0609	0.0370	0.0611	0.0068	0.0001

三、城市可持续发展能力分析

利用主成分分析法测定安徽省各地市可持续发展能力的基本步骤如下：

（1）将所选取的所有指标的原始数据进行标准化处理，计算出变量的相关矩阵。

（2）根据变量的相关矩阵选取主成分，计算相关矩阵的特征值及其特征变量，得出特征根的累计贡献率。根据累计贡献率大于85%的原则确定主成分的个数和相应特征向量矩阵。

（3）根据各主成分的方差贡献率及累计方差贡献率得出每个主成分得分。

（4）计算综合评价得分，各综合评价指标的权重一般取决于它对综合评价的贡献率，采用熵值法确定各指标权重，因指标体系中正向指标和负向指标同时存在，需对数据进行非负化处理，最终确定各指标权重。综合评价得分越低表示城市可持续发展能力越差，而对应的分值就越大，则城市可持续发展能力就越强。解释的总方差见表2－7所列。

表2－7　解释的总方差

解释的总方差						
成分	初始特征值			旋转平方和载入		
	合计	方差的％	累积％	合计	方差的％	累积％
1	8.72	62.289	62.289	8.688	62.059	62.059
2	2.447	17.477	79.766	1.891	13.504	75.563
3	1.098	7.843	87.608	1.686	12.046	87.608
4	0.657	4.694	92.302			
5	0.546	3.899	96.201			
6	0.257	1.838	98.039			
7	0.11	0.788	98.827			
8	0.07	0.497	99.324			
9	0.038	0.272	99.596			
10	0.031	0.22	99.816			
11	0.023	0.165	99.982			
12	0.002	0.018	99.999			
13	6.30E－05	0	100			
14	1.80E－05	0	100			
提取方法：主成分分析						

选择主成分分析法对安徽省各地市的可持续发展能力进行测定，得到2017年安徽省16个地市城市可持续发展能力得分及排名，见表

2－8 所列。

表 2－8 2017 年安徽省 16 个地市可持续发展能力得分及排名

城 市	FAC1	FAC2	FAC3	得 分	排 名
合肥市	3.4854	－0.3687	0.1108	2.414485312	1
芜湖市	1.0006	0.3951	－0.2825	0.764933977	2
马鞍山市	－0.0386	1.7827	0.2278	0.348554567	3
淮南市	－0.1757	2.1604	－0.5728	0.254799923	4
铜陵市	－0.2650	0.4078	3.1102	0.171376967	5
蚌埠市	－0.0952	0.0180	－0.4298	－0.102567569	6
淮北市	－0.3885	0.7133	0.0176	－0.13231751	7
滁州市	－0.4269	0.6855	－0.3129	－0.194809202	8
阜阳市	－0.1120	－0.6962	－1.1890	－0.324939174	9
黄山市	－0.3907	－0.8140	0.8174	－0.366953945	10
安庆市	－0.3887	－0.5473	0.0580	－0.38035741	11
六安市	－0.1626	－1.4497	－0.1974	－0.422510479	12
亳州市	－0.4928	0.2251	－1.5312	－0.442575233	13
宿州市	－0.4115	－0.8770	－0.1658	－0.482355074	14
池州市	－0.5260	－0.8963	0.2643	－0.52915505	15
宣城市	－0.6118	－0.7386	0.0751	－0.575603886	16

基于上表，对安徽省 16 个地市的可持续发展能力的得分及排名进行分析，可以得到前五名分别是：合肥市、芜湖市、马鞍山市、淮南市、铜陵市。前五名城市可持续发展现状如下：市辖区生产总值为 9346.84 亿元，占全省生产总值的 62.78％；人均市辖区生产总值平均增长率比全省平均增长率多了 3 个百分点；市辖区生产总值平均增长率比全省平均市辖区生产总值增长率高 1.96％；地方财政收入总值为 1569.84 亿元，占全省地方财政收入的 58.75％；城镇居民人均可支配收入为 35647.6 元，比全省平均值 31151.19 元高

4496.41 元；教育支出为 173.07 亿元，占全省教育支出的 47.47%，平均教育支出为 34.61 亿元，比全省平均值高 11.83 亿元；社会保障与就业支出为 123.52 亿元，占全省社会保障与就业支出的 46.97%，平均支出比全省平均数值高 8.27 亿元；城镇职工基本医疗保险参保人数为 352.85 万人，占全省参保人数的 62.65%；普通高等学校专任教师数为 41600 人，占全省总数的 68.84%；节能环保支出为 74.06 亿元，占全省节能环保支出的 57.31%；建成区绿化覆盖率平均值比全省平均值高 2.13 个百分点；生活垃圾无害化处理率基本为 100%。2017 年合肥市出台《合肥市 2017 年蓝天行动实施方案》，加大环境保护力度，以提高城市可持续发展能力；芜湖市出台《芜湖市城市总体规划》，对城市发展路线进行科学合理规划，从整体把握城市可持续发展节奏；马鞍山市申报国家第三批资源枯竭型城市，寻求资源型城市转型路径，提高城市可持续发展能力。城市可持续发展能力后三名城市分别为：宿州市、池州市、宣城市，这三个城市生产总值普遍偏低，人均生产总值增长率以及生产总值增长率都不高，地方财政收入较少，经济可持续发展能力不足，其对教育及社会保障与就业支出都低于全省平均值，财政支出力度不大，普通高等学校专任教师数较少，城镇居民人均可支配收入也不高，社会可持续发展能力不足，与此同时，节能环保支出较少，建成区绿化覆盖率较低，可持续发展能力还需进一步改善。

第四节 城市创新能力分析

习近平总书记在党的十九大报告中指出，“创新是引领发展的第一动力，是建设现代化经济体系的战略支撑”。当前，发展不平衡不充分的一些突出问题尚未解决，发展质量和效益还不高，创新能力不够强，加快建立绿色生产和消费的法律制度和政策导向，建立健全绿色低碳循环发展的经济体系，加快构建市场导向的绿色技术创新体系。城市创新能力是一个城市发展的动力源泉，依靠科技、人才、知识、文化等创新因素驱动发展的城市对周边地区有着较强的辐射及引领作用。

一、城市创新能力指标体系构建

（一）反映创新条件与创新支撑的指标

教育及人力资源是城市创新的内在动力，普通高等学校在校学生为城市创新提供人才储备，教育经费占财政支出的比重反映政府对城市教育及创新的重视程度，研究与试验发展（R&D）是提高城市创新能力的重要途径，研究与试验发展（R&D）经费可以衡量政府对创新发展的支持力度，试验发展（R&D）机构支撑着一个城市的科技创新。据此，选取普通高等学校在校学生数、教育经费支出占财政支出的比重、研究与试验发展（R&D）经费以及研究与试验发展（R&D）机构数来反映城市的创新条件和支撑能力。

（二）反映产业创新能力的指标

城市的创新能力集中体现为城市的产业创新能力，产业创新能力通过第二产业以及第三产业的产品创新表现出来，工业企业新产品的销售收入体现了工业企业创新产品转化为利润的水平，科技创新经费支出也体现了对提高产品附加值及转变产业结构的行动力度。研究与试验发展（R&D）支出占财政支出的比重反映了政府对科技研发的重视程度，城市的专利申请数展现了一个城市技术发展的活跃度，专利申请量越多，表示一个城市的创新能力越高。根据数据的真实性以及可得性原则，笔者选取工业企业新产品销售收入、技术改进经费支出、研究与试验发展（R&D）支出占财政支出的比重、专利申请量作为反映产业创新能力的三级指标。

二、样本选取、数据来源及模型构建

本章选取安徽省 16 个地市作为研究对象，查阅《2018 安徽省统计年鉴》《安徽省统计公报》以及各地市 2018 年统计年鉴，选择了反映城市创新能力的 8 个三级指标。安徽省 16 个地市城市可持续发展能力的 8 个三级指标标准化数据见表 2－9 所列。

表 2-9　安徽省 16 个地市城市可持续发展能力的 8 个三级指标标准化数据

城　市	普通高等学校在校学生数	研究与试验发展（R&D）经费	研究与试验发展（R&D）机构数	教育经费投入占财政支出比重
合肥市	0.6804	0.6159	0.3157	−0.0110
淮北市	−0.0512	−0.0751	−0.0794	0.0083
亳州市	−0.0958	−0.0935	−0.0642	−0.0015
宿州市	−0.0688	−0.0884	−0.0561	0.0199
蚌埠市	−0.0174	0.0055	0.0435	−0.0188
阜阳市	−0.0545	−0.0758	0.0016	0.0254
淮南市	−0.0147	−0.0679	−0.0791	0.0260
滁州市	−0.0291	−0.0124	0.0777	0.0148
六安市	−0.0520	−0.0799	−0.0564	0.0111
马鞍山市	−0.0289	0.0267	0.0373	−0.0143
芜湖市	0.0952	0.1698	0.0591	0.0048
宣城市	−0.1022	−0.0508	0.0035	0.0182
铜陵市	−0.0565	−0.0241	−0.0614	−0.0058
池州市	−0.0731	−0.0925	−0.0794	−0.0215
安庆市	−0.0543	−0.0667	−0.0071	−0.0067
黄山市	−0.0772	−0.0908	−0.0555	−0.0491

城　市	工业企业新产品销售收入	技术改进经费支出	R&D 投入占财政支出比重	专利申请量
合肥市	0.4483	0.3238	0.0992	0.5815
淮北市	−0.0559	−0.0829	−0.0368	−0.0898
亳州市	−0.0893	−0.1033	−0.0854	−0.0871
宿州市	−0.0959	−0.1048	−0.0810	−0.0945

（续表）

城　市	工业企业新产品销售收入	技术改进经费支出	R&D 投入占财政支出比重	专利申请量
蚌埠市	－0.0247	－0.0782	0.0327	－0.0369
阜阳市	－0.0514	0.0548	－0.0738	－0.0248
淮南市	－0.1012	0.0204	－0.0474	－0.0811
滁州市	0.0990	－0.0006	0.0692	0.0012
六安市	－0.0772	－0.0514	－0.0817	－0.0609
马鞍山市	－0.0173	0.1398	0.1275	0.0114
芜湖市	0.1995	－0.0171	0.0839	0.2028
宣城市	－0.0533	－0.0814	0.1328	－0.0468
铜陵市	0.0552	0.1059	0.0271	－0.0697
池州市	－0.0900	－0.1067	－0.0615	－0.0806
安庆市	－0.0493	0.0855	－0.0347	－0.0312
黄山市	－0.0965	－0.1036	－0.0701	－0.0935

三、城市创新能力分析

利用主成分分析法测定安徽省各地市的可持续发展能力：将所有指标的原始数据进行标准化处理，计算出各个变量的相关矩阵，计算相关矩阵的特征值及其特征变量，得出特征根的累计贡献率。根据特征向量矩阵的累计方差贡献率不小于85％的原则，确定主成分的个数及相应的方差贡献率，根据各主成分的方差贡献率及累计方差贡献率得出每个主成分得分，计算综合评价得分。各综合评价指标的权重一般取决于它对综合评价的贡献率，采用变异系数法计算各指标的权重，变异系数值为各指标平均值比上标准差，各指标权重为各指标变异系数与变异系数之和的比值。最终通过标准化数值乘以权重得出最后的综合得分。综合得分分值越大，城市创新能力就越强；反之，则越弱。

解释的总方差见表 2 - 10 所列。

表 2 - 10　解释的总方差

解释的总方差						
成分	初始特征值			旋转平方和载入		
	合计	方差的%	累积%	合计	方差的%	累积%
1	5.756	71.949	71.949	5.115	63.934	63.934
2	1.003	12.540	84.490	1.321	16.515	80.450
3	0.693	8.664	93.154	1.016	12.704	93.154
4	0.367	4.581	97.735			
5	0.095	1.189	98.925			
6	0.065	0.818	99.742			
7	0.018	0.227	99.970			
8	0.002	0.030	100.000			
提取方法：主成分分析						

选择主成分分析法对安徽省各地市创新能力进行测定，得到 2017 年安徽省 16 个地市城市创新能力的具体得分及排名，见表 2 - 11 所列。

表 2 - 11　2017 年安徽省 16 个地市城市创新能力的具体得分及排名

城　市	FAC1	FAC2	FAC3	得　分	排　名
合肥市	3.5442	0.03511	−0.38079	2.386769954	1
芜湖市	0.60776	0.89103	0.20563	0.603132574	2
滁州市	−0.05518	1.09604	0.73222	0.256299733	3
阜阳市	0.14001	−0.89218	1.31814	0.117683591	4
马鞍山市	−0.25903	1.75137	−0.62202	0.047887471	5
淮南市	−0.16185	−0.69066	1.30721	−0.055254438	6
铜陵市	−0.18746	0.43328	−0.18794	−0.077474271	7
安庆市	−0.04319	−0.35846	−0.24702	−0.126880418	8

（续表）

城　市	FAC1	FAC2	FAC3	得　分	排　名
宣城市	−0.87301	1.97535	0.81079	−0.138392768	9
六安市	−0.17067	−1.0239	0.52861	−0.226569582	10
蚌埠市	−0.31455	0.57044	−1.0029	−0.251523979	11
宿州市	−0.3269	−0.96426	0.91508	−0.270515514	12
淮北市	−0.41758	−0.42489	0.36089	−0.31270661	13
亳州市	−0.40596	−0.96821	−0.13291	−0.468397744	14
池州市	−0.52139	−0.69302	−1.12382	−0.633969372	15
黄山市	−0.5552	−0.73703	−2.48116	−0.850085492	16

基于表 2-11，对安徽省 16 个地市城市创新能力的得分及排名进行分析，可以得到前五名分别是：合肥市、芜湖市、滁州市、阜阳市、马鞍山市。前五名城市创新能力发展状况如下：普通高等学校在校学生数为 77.96 万人，占全省总数的 67.76%；教育经费占财政支出的平均比重为 14.33%，比全省平均比重高 0.48%；R&D 经费总数为 4018059 万元，占全省研究与试验经费的 71.13%，R&D 经费平均值为 803611.8 万元，比全省平均值高 450536.93 万元；R&D 机构总数为 3412，占全省 R&D 机构总数的 58.3%；工业企业新产品销售总收入为 60645673 万元，占全省工业企业新产品销售总收入的 68.58%，工业企业新产品销售平均收入为 12129134.6 万元，远高于全省工业企业新产品销售平均收入的 5526922.94 万元；技术改进经费支出为 914160 万元，占全省技术改进经费支出的 58.81%，平均支出为 182832 万元，比全省平均值高了 85680.38 万元；平均 R&D 投入占市内财政支出比重为 28.49%，比全省平均比重高了 10 个百分点；专利申请总量为 52220，占全省专利申请总量的 73.76%，平均专利申请量为 10444，远高于全省平均申请量 4425。2017 年合肥市出台了《2017 年合肥市促进自主创新政策实施细则》，芜湖市出台了《关于加快推进芜湖国家自主创新示范区建设的若干政策》及《芜湖市扶持高层次科技人才团队创新创业实施办法》，滁州市发布了《滁州市实施四大工程

加快推进科技创新发展的指导意见配套文件的通知》，在培养高素质科技人才、建设高新技术开发区方面实施政策优惠，在一定程度上提高了城市自主创新能力。城市创新能力后三名城市为：亳州市、池州市、黄山市。这三个城市的普通高等学校在校学生较少，R&D经费皆低于全省平均水平，研发机构也较为匮乏，教育经费投入及R&D投入占财政支出比重较低，工业企业新产品销售收入较少，专利申请量远低于全省平均申请量，城市创新能力较弱。

第五节 城乡融合发展能力分析

党的十九大报告指出，“三农”问题是关系国计民生的根本性问题，城乡区域发展和收入分配差距依然较大，坚持农业农村优先发展，按照产业兴旺、生态宜居、乡风文明、治理有效、生活富裕的总要求，建立健全城乡融合发展体制机制和政策体系，加快推进农业农村现代化建设。城乡发展不平衡、不协调是世界各国在经济起飞阶段面临的共同难题，一直受到学界和政府的高度重视。中国作为世界上最大的发展中国家，城乡关系问题对于国家发展和社会进步具有全局性战略意义。党历来高度重视城乡融合发展，党的十六大报告提出统筹城乡发展要求，党的十七大报告提出“形成城乡经济社会发展一体化”，党的十八大报告提出“推动城乡发展一体化”，党的十九大报告提出实施乡村振兴战略，并指出要建立健全城乡融合发展体制机制和政策体系，加快推进农业农村现代化建设。改革开放40多年来，虽然我国城市化水平逐步提高，但城乡融合发展仍任重道远，只有实现城乡深度融合才能让广大农民与城市居民在社会保障和公共服务等领域享受相同的待遇。

一、城乡融合发展能力指标体系构建

党的十九大报告首次提出乡村振兴战略，指出要建立健全城乡融合发展体制机制和政策体系，强调城乡地位的平等，对城乡关系和城乡发展提出了进一步的要求，建立健全城乡融合发展体制机制和政策

体系，这是对未来新型城乡发展关系做出的重大战略部署，既切中了当前城乡发展关系的要害，又为新时代乡村的振兴指明了方向。城乡融合发展的核心在于城市和乡村相互协调，相互依赖，互惠共生，共同繁荣。城乡融合发展体制机制是解决现阶段我国社会主要矛盾的必然选择，是实现社会主义现代化的必然要求。建立健全城乡融合发展体制机制和政策体系，要积极促进城乡要素之间的融合。城乡融合的科学内涵从经济融合、人口融合、空间融合、生态融合四个层面建立指标体系。

经济融合：(1) 人均生产总值（元/人）；(2) 一般公共服务支出占总支出的比重；(3) 第三产业生产总值占市辖区生产总值比重；(4) 城乡人均收入差异系数；(5) 非农产业增加值占市内生产总值比重。

人口融合：(1) 城市人口密度；(2) 农业人口与非农业人口比例。

空间融合：(1) 建成区面积比例；(2) 公路路网密度。

生态融合：(1) 农村自来水普及率；(2) 环保支出占总支出比重。

二、样本选取、数据来源及模型构建

选择安徽省 16 个地市为研究对象，通过查阅《安徽省统计年鉴》以及安徽省各地市统计年鉴，采集了反映城乡融合发展的 11 个三级指标，11 个三级指标数据统计结果见表 2－12 所列。

表 2－12　安徽省 16 个地市城乡融合发展的 11 个三级指标数据统计结果

城　市	人均生产总值	一般公共服务支出占总支出的比重	第三产业生产总值占生产总值比重	城乡人均收入差异系数	非农产业增加值占生产总值比重
合肥市	0.3359	－0.0823	0.0335	－0.0279	0.0131
淮北市	－0.0337	0.0297	－0.0501	0.0202	0.0131
亳州市	－0.1432	0.0017	－0.0157	0.0016	－0.0056
宿州市	－0.1164	0.0017	0.0286	0.0202	－0.0244
蚌埠市	0.0081	－0.0263	0.0089	－0.0068	－0.0056
阜阳市	－0.1480	0.0017	0.0384	0.0230	－0.0431
淮南市	－0.1052	0.0017	－0.0059	0.0220	0.0131

（续表）

城　市	人均生产总值	一般公共服务支出占总支出的比重	第三产业生产总值占生产总值比重	城乡人均收入差异系数	非农产业增加值占生产总值比重
滁州市	0.0209	0.0297	−0.0747	0.0053	0.0319
六安市	−0.1466	0.0577	−0.0157	0.0118	0.0131
马鞍山市	0.1838	0.0017	−0.0059	−0.0180	0.0506
芜湖市	0.1781	−0.0543	−0.0108	−0.0431	0.0131
宣城市	−0.1056	0.0017	0.0138	−0.0031	−0.0431
铜陵市	0.1513	0.0017	−0.0501	0.0183	0.0506
池州市	−0.0586	−0.0263	−0.0157	−0.0207	−0.0244
安庆市	−0.0051	−0.0263	0.0433	0.0090	−0.0244
黄山市	−0.0156	0.0857	0.0778	−0.0124	−0.0244

城　市	城市人口密度	农业人口与非农业人口比例	建成区面积比例	公路路网密度	农村自来水普及率	环保支出占总支出比重
合肥市	0.0654	−0.1140	0.6575	0.1770	−0.0116	0.1200
淮北市	0.0708	−0.1302	0.0825	−0.0638	−0.0285	−0.0800
亳州市	0.1093	0.2231	−0.1425	−0.0488	0.0293	−0.0300
宿州市	0.0680	0.1365	−0.1425	−0.0648	−0.0090	−0.0800
蚌埠市	−0.0074	−0.0416	0.1575	0.0468	−0.0204	−0.1300
阜阳市	−0.0174	0.2089	−0.0425	0.0059	0.0286	−0.0800
淮南市	−0.0324	−0.0864	−0.0675	−0.0853	−0.0278	−0.0300
滁州市	−0.0760	−0.0026	−0.0675	0.1195	−0.0092	−0.1300
六安市	0.0754	0.1508	−0.1675	−0.0704	−0.0082	0.0200
马鞍山市	0.1235	−0.1178	0.1325	0.0575	0.0314	−0.0300
芜湖市	−0.0552	−0.1321	0.0825	−0.0142	0.0220	0.0200
宣城市	0.0003	0.0412	−0.1675	−0.0901	0.0051	−0.1800
铜陵市	−0.0172	−0.0864	−0.0425	−0.1140	−0.0003	0.0700
池州市	−0.1219	−0.0311	−0.1925	−0.1243	0.0169	0.2700
安庆市	−0.0345	0.0060	0.0575	0.4056	−0.0084	−0.1300
黄山市	−0.1504	−0.0245	−0.1425	−0.1366	−0.0099	0.3700

因子分析法是主成分分析法的延伸。采用研究众多变量之间的相互影响关系，寻找这些原始变量的基本结构，并用少数几个被称为公因子的不可观测变量表示基本数据结构。这些公因子能够反映原来众多变量所代表的主要信息，从而有利于达到简化数据结构，方便研究。故本节选用主成分分析法和因子分析方法评价安徽省地市城乡融合发展。主成分分析部分结果见表 2－13 所列。

表 2－13 主成分分析部分结果

解释的总方差									
成分	初始特征值			提取平方和载入			旋转平方和载入		
	合计	方差的％	累积％	合计	方差的％	累积％	合计	方差的％	累积％
1	3.626	32.964	32.964	3.626	32.964	32.964	3.414	31.038	31.038
2	2.089	18.992	51.956	2.089	18.992	51.956	1.782	16.201	47.239
3	1.873	17.025	68.981	1.873	17.025	68.981	1.752	15.925	63.164
4	1.347	12.242	81.223	1.347	12.242	81.223	1.427	12.970	76.134
5	0.773	7.023	88.246	0.773	7.023	88.246	1.332	12.113	88.246
6	0.528	4.800	93.046						
7	0.299	2.715	95.761						
8	0.220	1.999	97.760						
9	0.119	1.082	98.842						
10	0.088	0.798	99.639						
11	0.040	0.361	100.000						
提取方法：主成分分析									

根据主成分分析方法中方差贡献率大于 85％的原则，选取前 5 个主成分，其方差贡献率达到 88.246％，基本涵盖总体信息。因子得分见表 2－14 所列。

表 2－14 因子得分

城　市	FAC1	FAC2	FAC3	FAC4	FAC5	综合得分
合肥市	2.45249	－0.35106	0.97257	－0.52555	1.4301	1.069106
淮北市	－0.00588	1.33492	－1.0097	－0.89748	0.50395	0.005905

（续表）

城 市	FAC1	FAC2	FAC3	FAC4	FAC5	综合得分
亳州市	－0.86673	0.46108	0.68635	1.85682	0.48972	0.204446
宿州市	－0.98124	0.37603	0.73782	－0.20713	0.80979	－0.107554
蚌埠市	0.43666	0.25559	0.46662	－0.88816	－0.31754	0.159662
阜阳市	－1.15081	－0.26178	1.50151	0.51393	－0.08979	－0.132390
淮南市	－0.34531	0.4662	－0.78047	－1.20131	－0.14347	－0.357300
滁州市	0.03963	1.01045	－0.90436	－0.31592	－1.78104	－0.127775
六安市	－1.05131	0.66935	－0.471	0.27184	1.14895	－0.210377
马鞍山市	1.1826	0.56427	－0.20805	1.58664	0.92577	0.816843
芜湖市	1.31753	－0.88635	－0.17745	1.11084	－1.23896	0.322667
宣城市	－0.77673	－0.13104	0.67983	0.18378	－0.66346	－0.214496
铜陵市	0.39105	0.60503	－1.62299	0.3224	－0.05239	0.003726
池州市	－0.1962	－1.74404	－0.6621	0.7383	－1.25705	－0.573993
安庆市	0.27792	0.15477	1.80558	－1.46816	－1.05291	0.198003
黄山市	－0.72366	－2.52342	－1.01415	－1.08081	1.28834	－1.056464

2017 年安徽省城乡融合发展的具体评价结果见表 2－15 所列。

表 2－15 2017 年安徽省城乡融合发展的具体评价结果

城 市	综合得分	排 名
合肥市	1.069106	1
马鞍山市	0.816843	2
芜湖市	0.322667	3
亳州市	0.204446	4
安庆市	0.198003	5
蚌埠市	0.159662	6
淮北市	0.005905	7

（续表）

城　市	综合得分	排　名
铜陵市	0.003726	8
宿州市	−0.107554	9
滁州市	−0.127775	10
阜阳市	−0.132390	11
六安市	−0.210377	12
宣城市	−0.214496	13
淮南市	−0.357300	14
池州市	−0.573993	15
黄山市	−1.056464	16

三、城乡融合发展能力分析

笔者对上述城乡融合发展能力排名得分结果进行分析，得出以下几点结论：

（1）安徽省 16 个地市的城乡融合发展能力排名中，合肥市排名第一，马鞍山市排名第二，芜湖市、亳州市、安庆市处于前五的位置。近年来，合肥市坚持统筹城乡工作，把“三农”工作摆在重中之重的位置，扎实做好现代农业发展、农村基础设施建设、精准脱贫等工作，促进合肥市城乡融合发展。马鞍山市为全面贯彻落实省委省政府关于城乡一体化综合配套改革试验区的部署和要求，制定了《马鞍山市推进城乡一体化总体方案》，全市在推进城乡融合发展方面做了积极探索和实践。芜湖市树立“三农”优先发展和城乡融合发展的规划理念，打破城乡功能区域分割形态，推动空间布局联动优化，抓美丽乡村、农村公共服务等重点工作，取得了较大成绩。2017 年安徽省城乡融合发展排名前五位的规模为：5 个城市生产总值总和为 9050.71 亿元，占全省 16 个地市国内生产总值总和的 60.79%，人均生产总值的均值为 106864 元，比全省城市人均国内生产总值平均值 70949 元高 35915

元；市内第三产业生产总值总和为4375.62亿元，占全省生产总值总和的63.03%；城镇居民人均可支配收入为34591.2元，比全省城镇居民人均可支配收入的31151.2元高3440元；农村居民人均可支配收入为16428.4元，比全省农村居民人均可支配收入的13566.5元高2861.9元；非农生产总值均值为1780.8亿元，比全省非农生产总值均值的896.1亿元高884.7亿元；城市面积总和为6762平方千米，占全省市区面积的23.43%；城市人口密度均值为3290.6人/平方千米，比全省城市人口密度均值的2714.7人/平方千米高575.9人/平方千米；财政支出总和为1329.74亿元，占全省市区财政支出的50.14%；建成区面积均值为190平方千米，比全省建成区面积均值的116.125平方千米高73.875平方千米；公路长度为68324千米，占全省的34.63%；农村自来水普及率的均值为89.93%，比全省农村自来水普及率的均值85.33%高4.6个百分点；环保支出总和为70.41亿元，占全省环保支出总和的54.48%。

(2) 基于上述对安徽省各个地市城乡融合发展的评价，我们可以得出以下结论：城乡融合发展排名处于前三位的分别是合肥、马鞍山和芜湖，处于后三位的分别是淮南、池州和黄山。合肥市的城乡融合发展综合得分排名遥遥领先，主要表现在：三级指标中的人均国内生产总值、第三产业生产总值占国内生产总值比重、建成区面积比例、公路路网密度、环保支出占总支出比重等得分较高，使得合肥市城乡融合发展综合得分第一。马鞍山市的人均国内生产总值、非农产业增加值占国内生产总值比重、城市人口密度、农村自来水普及率等方面情况较好，提高了城乡融合发展的综合得分，使得马鞍山成为省内排名第二的城市；芜湖市在人均国内生产总值、建成区面积比例、农村自来水普及率的分项指标中得分较高，使得综合得分位居第三。黄山市的城乡人均收入差异系数、城市人口密度、农业人口与非农业人口比例、建成区面积比例、公路路网密度、农村自来水普及率等指标均在全省排名靠后；池州市在第三产业生产总值占国内生产总值比重、城乡人均收入差异系数、城市人口密度、建成区面积比例、公路路网密度等指标得分较低；淮南市的城市人口密度、公路路网密度、农村自来水普及率等指标得分较低，这些城市的城乡融合发展程度较差。

第六节　城市生态环境质量分析

党的十九大报告指出，坚持人与自然和谐共生，建设生态文明是中华民族永续发展的千年大计，党的十八大以来我国生态环境治理明显加强，生态文明制度体系加快形成，环境状况得到改善，全面节约资源有效推进，能源资源消耗强度大幅下降。重大生态保护和修复工程进展顺利，森林覆盖率持续提高，但生态环境保护任重道远。伴随着社会经济的发展，城市生态与环境形势日益严峻，城市生态环境主要面临城市人口爆炸、交通拥挤、工业化污染严重等问题，如不采取综合而有效的控制措施，城市生态环境问题随时会恶性爆发，并可能出现难以逆转的生态与环境灾难，成为全面建成小康社会和实现可持续发展目标的最大障碍。城市发展超过生态承载力、环境质量日益下降、能源资源产出的低效率等，成为制约我国城市化科学发展和生态文明建设的重要因素。经济增长至上的发展理念是城市生态问题的根本原因，粗放型经济增长模式是生态问题累积的关键所在，而生态环境责任承担不到位则进一步加剧了环境质量的恶化。将生态文明建设的理念融入城市化进程，探求更加合理的城市发展模式和人类聚居与行为模式，是保障我国城市化健康、高质量发展的关键。为了让城市化进程符合经济发展规律，需要确立以生态红线为顶层约束的可持续发展理念、建设“经济—生态—民生”相协调的城市宜居环境、提高生态文明建设的生态效率以及促进城市与相关利益主体的生态公平是城市生态文明建设的核心内容。

一、城市生态环境质量指标体系构建

城市发展与生态环境和谐共生是城市问题研究的重要内容。第二次世界大战以来，由于城市人口暴增和工业迅速发展，带来了大量的

“三废”排放，城市成为资源的主要消费地和污染物的重要制造场所，城市生态环境质量日益受到人们的重视。城市生态系统是具有一定功能的网络结构，在网络结构内人类与周围生物和非生物产生相互作用，不同于自然生态系统，它是人类在改造和适应自然环境的基础上建立起来的特殊的人工生态系统。解决城市生态环境问题的关键，是要改变把增长作为唯一目标的经济发展观，在发展经济的同时，还要注意对生态环境的保护，实现经济发展的可持续性。推动经济增长方式的根本转变、减缓过重的环境承载压力，不但是提升发展质量和水平的迫切需要，而且是环境保护和建设生态城市的根本举措。以循环经济发展模式为核心，建立低投入、低消耗、低污染的生产方式。调整产业结构，大力促进城市服务业的升级扩张，在保证最小程度破坏生态环境的基础上使经济实现可持续发展。加强城市的环保规划，保证城市的绿化覆盖率。国务院发展研究中心资源与环境政策研究所副所长常纪文认为，万元GDP能耗的下降是地区节能减排、优化经济结构、推动绿色循环低碳发展、加快生态文明建设的表现。根据城市生态环境质量发展推进绿色生产方式、绿色生活方式等要求，我们分四个层面选取如下指标。

能源消耗情况：（1）万元GDP能耗；（2）万元GDP废水排放量；（3）万元GDP废气排放量；（4）万元GDP固体废弃物排放量。

空气及绿化情况：（1）人均公共绿地面积；（2）建成区绿化覆盖率。

工业污染情况：（1）工业固体废弃物综合利用率；（2）工业废水处理率。

城市环境污染情况：（1）城市生活垃圾无害化处理率；（2）城市污水处理率；（3）二级以上良好天气率。

二、样本选取、数据来源及模型构建

选择安徽省16个地市为研究对象，通过查阅《安徽省统计年鉴》以及安徽省各地市统计年鉴，采集了反映城市生态环境质量的11个三级指标，11个三级指标的统计结果见表2－16所列。

表 2-16 安徽省 16 个地市城市生态环境质量的 11 个三级指标的统计结果

城 市	万元 GDP 能耗（吨标准煤/万元）	万元 GDP 废水排放量（吨/万元）	万元 GDP 废气排放量（亿立方米/万元）	万元 GDP 固体废弃物产生量（吨/万元）	人均公共绿地面积（平方米）
合肥市	1.9888	2.0000	1.9872	1.9612	1.1567
淮北市	1.5618	1.7446	1.8740	1.4119	1.6660
亳州市	1.9213	1.4834	1.0000	1.8716	1.1884
宿州市	1.8202	1.6395	1.9171	1.8299	1.0858
蚌埠市	1.9213	1.8430	1.9611	1.9552	1.0149
阜阳市	1.6180	1.5738	1.8576	1.7642	1.0000
淮南市	1.5730	1.0983	1.7303	1.0000	1.1343
滁州市	1.8427	1.3625	1.8312	1.8149	1.1399
六安市	1.8427	1.9470	1.9624	1.4627	1.3265
马鞍山市	1.0000	1.0000	1.5726	1.3940	1.3451
芜湖市	1.8876	1.8641	1.9184	1.9522	1.0243
宣城市	1.7528	1.4255	1.7695	1.6358	1.3340
铜陵市	1.5506	1.6215	1.7568	1.5134	2.0000
池州市	1.4719	1.9337	1.7914	1.8478	1.8060
安庆市	1.7528	1.4013	1.8476	1.8209	1.2090
黄山市	2.0000	1.8038	2.0000	2.0000	1.3190

城 市	建成区绿化覆盖率（%）	工业固体废弃物综合利用率（%）	工业废水处理率（%）	城市生活垃圾无害化处理率（%）	城市污水处理率（%）	二级以上良好天气率（%）
合肥市	1.6000	1.2353	1.8953	2.0000	2.0000	1.2306
淮北市	1.6667	1.7092	1.3953	2.0000	1.7810	1.0356
亳州市	1.0000	1.9504	1.4302	2.0000	1.5884	1.1174
宿州市	1.5333	1.8655	1.3837	1.9847	1.9024	1.0000

（续表）

城　市	建成区绿化覆盖率（%）	工业固体废弃物综合利用率（%）	工业废水处理率（%）	城市生活垃圾无害化处理率（%）	城市污水处理率（%）	二级以上良好天气率（%）
蚌埠市	1.4667	1.8551	2.0000	2.0000	1.9723	1.2348
阜阳市	1.2000	1.8393	1.3953	2.0000	1.6214	1.2474
淮南市	1.7333	1.2435	1.0000	2.0000	1.5092	1.1447
滁州市	1.4667	1.6683	1.6395	2.0000	1.6135	1.2474
六安市	1.4667	2.0000	1.4419	2.0000	1.8285	1.6310
马鞍山市	1.6667	1.6874	1.0814	2.0000	1.7480	1.3103
芜湖市	1.5333	1.0000	1.9419	2.0000	1.2955	1.3774
宣城市	1.5333	1.6558	1.6512	2.0000	1.3905	1.5912
铜陵市	2.0000	1.6465	1.0233	1.0000	1.1121	1.4361
池州市	1.6000	1.8606	1.4070	2.0000	1.3061	1.3774
安庆市	1.6667	1.7990	1.2093	2.0000	1.0000	1.4822
黄山市	1.8000	1.7342	1.2558	2.0000	1.5132	2.0000

利用主成分分析法测定安徽省各地市生态环境质量的基本步骤如下：

（1）首先对全部指标进行标准化（无量纲化）处理，得到一个新的矩阵。

（2）提取主成分，通过计算标准化矩阵的相关矩阵的特征值，并根据特征值根确定相应的特征向量。根据主成分分析选取原则即选取特征值大于 1 的主成分，确定主成分的个数和相应的特征向量矩阵。

（3）计算各主成分的得分值。主成分值是各个主成分在每个区域上的得分值。

（4）计算综合评价总得分。综合得分的加权数由每个主因子的信息贡献率确定，即每个综合指标的权重由它对综合评价的贡献率确定，其大小取决于指标之间的差异。总得分越高说明生态环境质量越好；总得分越低说明生态环境质量越差。解释的方差贡献率见表 2－17 所列。

表 2－17 解释的方差贡献率

解释的总方差									
成分	初始特征值			提取平方和载入			旋转平方和载入		
	合计	方差的％	累积％	合计	方差的％	累积％	合计	方差的％	累积％
1	3.588	32.614	32.614	3.588	32.614	32.614	2.929	26.630	26.630
2	2.371	21.551	54.166	2.371	21.551	54.166	2.452	22.287	48.917
3	1.444	13.127	67.293	1.444	13.127	67.293	1.628	14.801	63.719
4	1.100	9.999	77.292	1.100	9.999	77.292	1.493	13.573	77.292
5	0.959	8.718	86.010						
6	0.478	4.346	90.357						
7	0.371	3.373	93.730						
8	0.295	2.686	96.416						
9	0.216	1.967	98.383						
10	0.147	1.339	99.721						
11	0.031	0.279	100.000						
提取方法：主成分分析									

根据主成分分析选取原则即选取特征值大于 1 的主成分，故选取前 4 个主成分。因子得分见表 2－18 所列。

表 2－18 因子得分

城　市	FAC1	FAC2	FAC3	FAC4	综合得分
合肥市	1.33106	0.68852	－1.20533	0.57398	0.6232
淮北市	－0.43657	－0.17364	－0.5296	1.76216	－0.0946
亳州市	0.5336	－1.92918	2.19873	－0.75205	－0.0366
宿州市	0.54352	－0.48808	－0.17302	1.06246	0.2013
蚌埠市	1.42268	0.09234	－0.04149	0.95424	0.7425
阜阳市	0.44359	－0.80328	0.33873	0.00577	0.0215
淮南市	－1.21463	－1.05731	－2.0079	－0.73921	－1.2440
滁州市	0.45152	－0.37368	－0.18	－0.41832	0.0016

（续表）

城　市	FAC1	FAC2	FAC3	FAC4	综合得分
六安市	0.31986	0.39353	0.51362	1.08215	0.4719
马鞍山市	－1.43638	－1.45379	－0.64624	0.21704	－1.0931
芜湖市	0.97935	0.838	－1.18612	－1.58921	0.2399
宣城市	－0.03792	0.1351	0.12511	－0.90353	－0.0740
铜陵市	－2.23916	1.58836	0.68811	0.43346	－0.3290
池州市	－0.42837	0.61416	1.03187	0.67023	0.2524
安庆市	－0.43794	0.30302	0.49576	－1.53932	－0.2152
黄山市	0.20578	1.62595	0.57777	－0.81986	0.5323

2017 年安徽省生态环境质量排名见表 2－19 所列。

表 2－19　2017 年安徽省生态环境质量排名

城　市	综合得分	排　名
蚌埠市	0.7425	1
合肥市	0.6232	2
黄山市	0.5323	3
六安市	0.4719	4
池州市	0.2524	5
芜湖市	0.2399	6
宿州市	0.2013	7
阜阳市	0.0215	8
滁州市	0.0016	9
亳州市	－0.0366	10
宣城市	－0.0740	11
淮北市	－0.0946	12
安庆市	－0.2152	13
铜陵市	－0.3290	14
马鞍山市	－1.0931	15
淮南市	－1.2440	16

三、城市生态环境质量分析

笔者对上述城市的生态环境质量排名得分结果进行分析，得出以下几点结论。

(1) 安徽省城市生态环境质量 2017 年排名前五位为：蚌埠市、合肥市、黄山市、六安市和池州市。可以看出，蚌埠市、合肥市、黄山市等城市的生态环境质量与其他地市相比较强，而铜陵市、马鞍山市、淮南市等城市排名靠后。蚌埠市依据《安徽省城市生态网络规划导则》《安徽省生态保护红线划定方案》《蚌埠市城市生态网络规划（2017—2035)》等，牢固树立社会主义生态文明观，树立和践行绿水青山就是金山银山的理念，生态环境质量有了很大提升。合肥市为加强生态环境保护，印发了《关于全面加强生态环境保护坚决打好污染防治攻坚战的实施意见》《合肥市打赢蓝天保卫战三年行动计划实施方案》和《合肥市环境空气质量生态补偿暂行办法》等文件，完善了全市生态环保工作的政策和制度框架体系，全市生态环境质量稳中趋好。黄山市为促进城市绿色发展，编制了《黄山市城市生态网络规划（2017—2035)》，优化了城市生态网络空间保护和利用格局，提升城市生态综合效益。

(2) 安徽省城市生态环境质量 2017 年排名前五位的规模：国内生产总值为 6843.31 亿元，占全省国内生产总值的 45.96%；市辖区人口总数为 718.51 万人，占全省市辖区人口总数的 33.98%；人均国内生产总值均值为 78811 元，比全省人均国内生产总值均值的 70949 元高 7862 元；第三产业生产总值总和为 3476.22 亿元，占全省国内第三产业生产总值总和的 50.1%；非农生产总值总和为 6677.87 亿元，占全省非农生产总值的 46.58%；城市面积总和为 11035 平方千米，占全省 16 个地市城市面积的 38.23%；财政支出总和为 1187.15 亿元，占全省财政支出总和 2652.17 亿元的 44.76%；建成区面积为 794 平方千米，占全省建成区面积的 42.73%；环保支出总和为 76.42 亿元，占全省环保支出总和的 59.13%；万元 GDP 能耗均值为 0.45 吨标准煤/万元，比全省平均值 0.56 吨标准煤/万元低 0.11 吨标准煤/万元；万元 GDP 废水排放量均值为 15851 吨/万元，比全省平均值 36976 吨/万元低 21125 吨/万元；万元 GDP 废气排放量均值为 10588 亿立方米/万元，比全省平均值 29616 亿立方米/万元低 19028 亿立方米/万元；万元 GDP 固体废弃物产生量均值为 0.57 吨/万元，比全省平均值 1.05 吨/万元低 0.48 吨/万元；人均公共绿地面积均值为 14.87 平方米，比全省人均公共绿地面积的 14.72 平方米高 0.15 平方米；建成区绿化覆盖率均值为 42.82%，比全省建成区绿化覆盖率高 0.5 个百分点；工业固体废弃物综合利用率均值为 93.47%，比全省均值 92.28%高 1.19 个百分点；工业废水处理率均值为 59%，比全省均值 46%高 13 个百分点；城市污水处理率均值为 97.63%，比全省均值 96.49%高 1.14 个百分点；二级以上良好天气率均值为 74%，比全省均值 66%高 8 个百分点；前五名中的黄山、合肥、蚌埠的万元 GDP 能耗排前三名；在万元 GDP 废气排放量和万元 GDP 固体废弃物产生量上，黄山、合肥排在前两名；在工业废水处理率上，蚌埠排第一，合肥排第三；在城市污水处理率上，合肥排第一，蚌埠排第二；在二级以上良好天气率上，黄山排第一，六安排第二。以上数据可以表明，城市生态环境质量排名前 5 位城市的人均公共绿地面积、建成区绿化覆盖率、工业固体废弃物综合利用率、工业废水处理率、城市污水处理率、二级以上良好天气率都比全省平均水平高，表明这些地区的生态环境质量优势明显，但马鞍山在万元 GDP 能耗、淮南在万元 GDP 固体废弃物产生量上还有待进一步提高。

第七节　本章小结

基于安徽省 16 个地市 2017 年城市经济竞争力的评价，安徽省城市的经济社会发展保持稳中有进、稳中向好的良好态势，呈现出巨大的发展潜力，主要经济指标增幅在全国处于领先地位。从综合竞争力、产业竞争力、可持续发展能力、城市创新能力、城乡融合发展、城市生态环境质量等角度评价安徽省 16 个地市的城市经济竞争力，总体上，在城市经济发展中，皖中最好，其中以合肥、芜湖、马鞍山发展最好，综合竞争力排名靠前，各项指标均位于全省前列，综合实力雄厚，通过发挥地区辐射作用，带动周边地区发展，促进共同发展和进步。面对经济下行的严峻形势，安徽省的城市生态环境质量和产业竞争力有待提高，亟须转变经济发展方式，产业结构亟待优化调整，需要从提高经济效率、挖掘新的经济增长潜力、转变经济发展方式、优化产业结构等方面提升安徽城市综合经济竞争力，着力保障和改善民生，提高资源利用效率，注重生态环境质量，实现可持续发展，促进安徽省经济持续健康较快发展、社会和谐稳定。通过以上分析，可以得出以下结论。

一、城市经济保持快速增长，合肥市各项指标领先于省内其他城市

2017 年，我省 16 个地市综合竞争力排名中，合肥稳居第一，依次为芜湖、马鞍山、铜陵、蚌埠。其中合肥市在产业竞争力、可持续发展能力、城市创新能力和城乡融合发展方面均排名第一。安徽省城市产业竞争力 2017 年排名前五的城市分别为合肥市、芜湖市、铜陵市、马鞍山市和亳州市，宣城市、黄山市、阜阳市等城市排名相对靠后。在可持续发展能力方面，合肥市、芜湖市和马鞍山市排名前三，宿州市、宣城市和池州市在该方面相对落后。安徽省城市创新能力 2017 年排名前五的城市分别为合肥市、芜湖市、滁州市、阜阳市和马鞍山市，亳州市、池州市、黄山市等城市排名相对靠后。在城乡融合发展方面，排名前五的城市分别为合肥市、马鞍山市、芜湖市、亳州市和蚌埠市，而淮南市、池州市、黄山市在这方面的发展较为落后。安徽省城市生态环境质量 2017 年排名前五的城市分别为蚌埠市、合肥市、黄山市、六安市、池州市，而铜陵市、马鞍山市、淮南市等城市在生态环境质量方面排名靠后。

二、城市经济发展总体表现为皖中最好

2017 年城市综合竞争力排名前五位的城市分别为合肥市、芜湖市、马鞍山市、铜陵市、蚌埠市，与上年相比变化不大，但是相对排

名位置稍有变动。总体来看，省会合肥的经济实力最强，皖南、皖东地区经济较强，皖西、皖北城市经济较弱。合肥的综合得分值雄踞全省第一；芜湖、铜陵、马鞍山、滁州由于受经济发达的长三角、江浙的辐射带动，经济实力位居全省前列，各项指标均值基本高于全省平均水平，如滁州市的产业竞争力排名全省第一；亳州、黄山、宣城等城市的经济发展相对滞后。总体来说，合肥、芜湖、马鞍山发展最好，合肥市各二级指标值基本居全省前列，综合竞争力排名第一，具备雄厚的综合经济发展实力，应当发挥辐射作用，带动周边地区促进共同发展。

三、铜陵、淮北等城市排名上升较快，阜阳、宣城、亳州等城市排名下降较快

铜陵、淮北等城市综合竞争力排名分别是第四名和第十名，排名较上年上升较快。铜陵市市辖区生产总值增速、非农生产总值增速、主导产业增速均位于全省首位，产业结构不断优化，环境保护效果显著，创新能力不断提升，推动铜陵市综合竞争力排名迅速上升。淮北市市辖区生产总值增长速度迅猛，第二产业及第三产业的专业化水平较高，资源利用水平提高，环境保护有所成效，推动了淮北市综合竞争力上升。阜阳、宣城和亳州虽然具有较好的经济基础，但没能充分发挥自身优势和特色，定位不清，产能过剩，各产业增速缓慢，产业结构不合理，基础设施建设不够完善，城乡发展不均衡，环境保护力度不足，创新能力还需进一步提高，综合竞争力下降较快，在此次综合竞争力排名和各项分项指标中居于安徽省中下游，排名相对靠后，对周边城市的辐射带动作用相对不足。

本章从综合竞争力、产业竞争力、可持续发展能力、城市创新能力、城乡融合发展、城市生态环境质量等角度评价安徽省 16 个地市的经济竞争力。面对经济下行的严峻形势，我们要清楚地认识到，就目前安徽省整体经济情况来看，安徽的区域竞争力相对落后，与安徽比较明显的区位优势和资源优势不符。基于安徽省经济发展的实际情况，笔者提出以下几点优化建议：

（一）发挥大城市的溢出效应，促进城镇体系合理化

根据最新城市规模划分标准，合肥、芜湖属于大城市，安徽目前没有特大城市。大城市集聚能力强，易产生规模经济，由上文分析可知，省会合肥发展最好，各项指标均位于全省前列，芜湖次之，其他城市规模较小且发展缓慢，溢出效应有限。因此，应优化城镇体系结构，重点发展合肥、芜湖，提升合肥、芜湖的溢出效应，带动周边县、市共同发展，促进集群式发展。优先发展合肥都市圈和以芜湖为中心的皖江城市群，打造“一圈一群”城市体系结构。安徽省地理区位优势明显，位于长江三角洲的重要位置，靠近江苏、浙江，是承接沿海发达地区经济辐射和产业转移的重要地带。合肥与芜湖应把握区位优势，充分发挥皖江与长三角相邻的区位优势，抓住产业转移的发展机遇，利用大城市的溢出效应发展皖江城市群，形成以合肥、芜湖为双核心的城市布局，扩大与马鞍山、铜陵的城市边界，进而带动全省经济发展。

（二）加强城市之间的联系，推动区域联动发展

对安徽省城市发展来说，应当实行不同区域之间的差别化战略。各城市要充分利用自身优势并加强与周边城市的联系，实现区域联动发展，在城市间形成合理的产业分工和合作，以推进安徽省经济一体化进程。如皖北的淮北市拥有丰富的煤炭资源，蚌埠市要充分发挥其老工业基地和便捷的交通运输体系，将皖北经济圈联系起来，为省内其他城市和全国输送能源。皖西南地区应利用旅游业的自身优势，重点发展旅游业，加大基础设施建设力度，解决山区自然环境拥堵问题，加强与皖北之间的联系，利用各自优势发展相关产业，扩大区域经济发展规模，实现安徽省整体经济水平的提升。同时各地应该发展高新技术产业，增加传统产业的附加值，并且形成省内高中低的层次化发展，提高区域合作水平。

（三）优化产业结构，打造特色产业

安徽城市发展中的突出问题是产业结构不合理、产业同构现象严重，要合理安排城市产业布局，做大做强优势产业。在发挥各地区产业优势和特色的前提下，统筹制定产业发展规划，分析不同城市的产

业优势，制定优势互补和错位发展的产业布局政策。合肥市作为省会城市，是安徽省经济、政治和文化中心，具备雄厚的综合经济发展实力，应继续提升城市竞争力，发挥辐射作用，带动其他城市发展，在扩大经济规模的同时，更应偏重第三产业的发展。芜湖市是安徽第二大城市，素有“江东名邑”之美称，应该增加基础设施建设投资，重点发展第二产业，逐渐向第三产业转移，促进城市的全面协调发展。马鞍山市是全国十大钢铁基地之一，作为经历过产业结构调整的新经济产业城市，对省内其他城市在产业结构调整方面具有很好的示范作用。淮南市、淮北市作为老矿业基地，对于矿产资源的开发利用较好，但积极实现产业转型发展势在必行。阜阳市是国家重要的商品粮生产基地，人口密度较大，第一产业比重过高，应大力发展非农产业，增加投资，解决就业问题，提高人民生活水平。蚌埠市作为全国重要的交通枢纽城市，各项指标均处于中上游位置，今后可以依托便利的交通条件，充分利用“湖上生明月”和“大明文化园”等旅游资源，发展旅游业和现代物流业。滁州市邻近南京市，有“鱼米之乡”之称，今后应充分利用其区位优势，吸引外商投资。宿州市农业基础雄厚，是华东最大的云计算数据中心，今后应大力发展高新技术产业。亳州市是全球最大的中药材集散中心，也是皖北旅游中心城市，今后应加快现代服务业和旅游业的发展。安庆市作为国家级历史文化名城、优秀旅游城市，今后在发展旅游业的同时应加快医疗卫生发展，促进经济协调发展。黄山市和池州市均具有丰富的旅游资源，应大力发展旅游资源，同时注重生态环境保护，实现绿色发展。宣城市是中国文房四宝之乡，可以利用其历史文化名城的地位，发展文化产业。六安市的经济水平处在安徽省中游，可以利用其现有优势，发展茶制品业和旅游业，对其进行深度开发。铜陵市作为我国最大的铜产业基地，今后应注意合理开采有色金属，发挥产业优势，保护生态环境。未来安徽各城市应充分发挥靠近长三角的区域优势，注重首位城市与其他城市之间产业的联动关系，发挥产业体系对区域经济的带动作用，统筹城乡经济社会发展，以提高经济发展质量和效益为中心，进一步提升城市本身的可持续竞争力和综合经济竞争力。

（四）加大对外开放力度，挖掘经济增长潜力

安徽省整体上对外开放程度不高，应扩大外贸规模。发挥政府的主导作用，适当拓宽外资领域，优化外资结构向高新技术产业发展。通过政策制定，为外商直接投资创造条件。同时，应重视进出口结构的优化，对污染大、附加值低的产业进行限制。鼓励企业积极参与国际市场竞争，提升对外开放水平。最后，促进产城融合。结合皖江城市带承接产业转移示范区、合芜蚌自主创新综合配套改革试验区和国家技术创新工程试点省建设，实现城镇化与工业化有机发展，城市布局和产业布局相融合。

总的来说，安徽省的城市在经济发展过程中面临城市化水平低、主要城市竞争力不强、科技投入与产出不成比例、工业化程度低、产业结构转变相对滞后等问题，仍需进一步深化改革，加强对外经济交流、整合区际资源，明确经济发展重点区域、合理选择主导产业，明确产业发展战略、优化产业结构、提升产业竞争力，为经济发展提供支撑与保障。

第三章　安徽新型城镇化研究

第一节　安徽城镇化概况

城镇化是解决“三农”问题的重要途径，协调区域发展的支撑点，以优化产业结构扩大内需为抓手，缩小城乡差距，对促进社会和谐、健康发展具有重要意义。近年来，随着中部崛起和融入长三角一体化国家战略的实施，安徽省充分发挥区位优势，坚持以大带小，建设区域性大城市带动周边城市的发展，加强城市间的联系，推进城市群为城镇化建设的主体形态，安徽经济社会取得了突出成就。“十二五”以来，国家实施工业化、城镇化双轮驱动的发展战略，大力推行新型城镇试点建设，加快城市群、都市圈、经济带建设，城镇化发展取得了显著成果。2017 年，安徽省城镇化率达到 53.49%，低于全国平均水平 5.03 个百分点，与全国的差距不断缩小。值得注意的是，城镇化的快速发展也遇到了一些矛盾，农业转移人口市民化难度大，中心城市带动力不足，发展特色不鲜明，管理和服务水平不高等一系列问题亟待解决。

一、安徽城镇化发展现状

（一）城镇化进程不断加快

随着改革开放和工业化进程的不断加快，安徽省城镇化建设稳步推进。改革开放以来，安徽省城镇化发展呈现出相对明显的阶段性特征，分别为：（1）城镇化启动阶段（1978—1995 年）：改革开放的初期，由于经济体制建设的重点是农村和沿海地区，安徽城镇化的建设较为落后。城镇化的建设处于启动时期，城市的经济地位不断地上升，大量资本涌入基础设施建设领域，城市综合承载力有所提高，就业体制改革使得大量的农村劳动力涌入城镇，加快了城镇化的建设，城镇化率由 12.40%提高到 1995 年的 19.09%（图 3-1）。(2) 城镇化加速发展阶段（1996—2000 年）：这一阶段安徽城镇化发展主要以小城镇为主导，城镇的产业承载力、基础设施建设等方面取得了显著成效，城镇化率由 1996 年的 21.8%提升到 2000 年的 28.0%。(3) 城镇化稳定快速发展的阶段（2001 年至今）：大中城市引领安徽城镇化稳定快速发展，将城镇化的发展提高到战略的新高度，以区划调整带动了城镇化的进程，城镇化率由 2001 年的 29.3%提高到 2017 年的 53.49%，年平均增长 3.83 个百分点，与全国平均水平的差距不断地缩小。经济总量呈直线上升，2017 年末，安徽省的 GDP 总量达到了 27518.67 亿元，人均生产总值为 44206 元。常住居民人均可支配收入增长了 9.3%，达到了 21863 元，其中，城镇常住居民人均可支配收入为 31640 元，比上年增加了 8.5%。2017 年安徽省正式出台《安徽省新型城镇化发展规划（2016—2025）》。该规划提出到 2020 年，全省常住人口城镇化率达到 56%，户籍人口城镇化率达到 35%，力争到 2025 年，户籍城镇化率与常住人口城镇化率的差距进一步缩小。

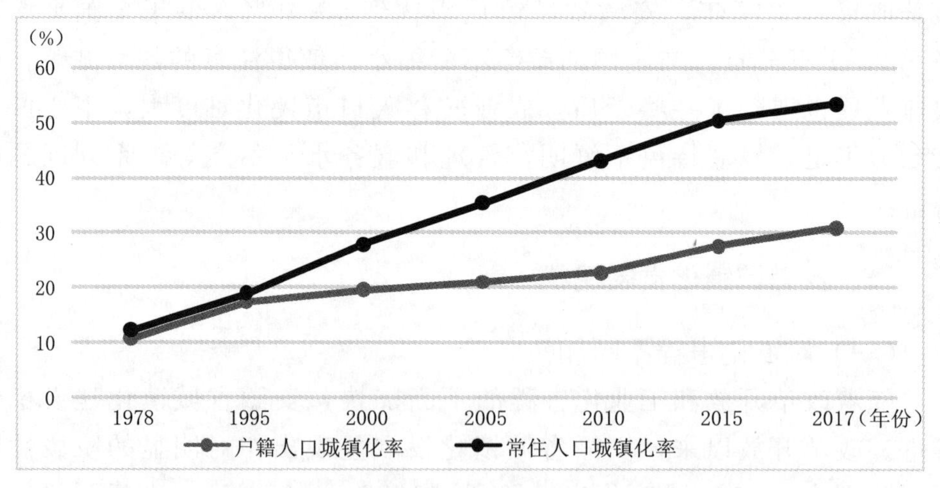

图 3-1 1978—2017 年安徽省户籍人口城镇化率和常住人口城镇化率

（二）地市城镇化水平

随着经济的快速发展，各地市城镇化水平显著提高，从1978年城镇化启动时期安徽省城镇化率的12.40％提高到2017年稳定时期的53.49％（图3－1），城镇人口增长到3345.7995万人。截至2017年底，安徽省各地市的城镇化发展水平普遍比较高，合肥市作为省会城市，凭借其区位、经济、政治、文化等优势，城镇化水平位于全省之首，城镇化率达到73.75％，高于全省平均水平20.26％。马鞍山市凭借丰富的钢铁资源、便利的交通，城镇化率位居全省第二，达到了67.89％。芜湖是华东地区仅次于上海和南京的第三大综合交通枢纽以及重要的能源基地、皖江城市带承接产业转移示范区的双核心城市之一，同时还是全国科技进步城市、全国创业先进城市等。优越的地理区位、科教资源等为芜湖市的城镇化提供发展的机遇，其城镇化率居全省第三，城镇化水平达到了65.05％。丰富的矿产资源，促使淮北市、淮南市的经济迅速发展，大力推动了城镇化的发展，使得两淮的城镇化率都在60％以上，均高于全省平均水平。蚌埠市、铜陵市、宣城市以及池州市，这些城市的城镇化率虽然低于60％，但高于全省的平均水平。其中，蚌埠市作为铁路运输中心的枢纽站，拥有便利的、纵横交错的铁路运输路线，城镇化率达到了55.31％；铜陵有色铜加工产量居全国前列，逐渐形成以铜基新材料、新能源汽车为主导的产业发展格局，拥有全国第一、世界第二的电解铜生产企业以及全国第一、世界第三的特种电磁线生产企业，分别是铜陵有色公司、精达公司；铜陵工业化的发展极大地促进了城镇化的发展。其次，由于铜陵市位于长江中下游平原与皖南山区的交界地带，独特的地理位置使得铜陵市成为皖中南的交通枢纽之一，这在一定的程度上对城镇化的发展水平产生了影响，铜陵市的城镇化水平达到了55.79％；池州市拥有良好的生态环境，大力发展生态旅游，经济得到了发展，城镇化水平达到了53.67％；宣城市是农业型资源城市，同时也是区域性综合交通枢纽，其城镇化水平达到了53.69％。而全省城镇化水平最低的是亳州市，城镇化率达到39.77％，与全国平均水平相差13.72％，与城镇化水平最高的合肥相差33.98％，差距甚大，这与亳州市人口相对较多，自然资源匮乏有一定关系（图 3－2）。

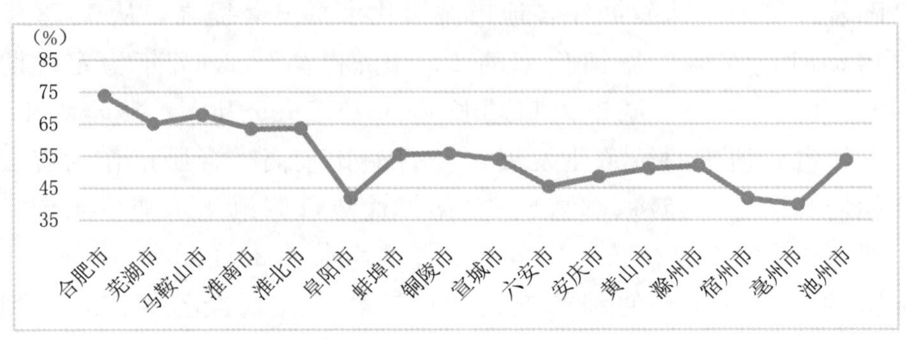

图 3－2 2017 年安徽省各地市的城镇率

（三）城镇化空间布局逐步完善

安徽省以集聚发展、统筹发展、分区发展的三大战略为指导，形成有疏有密的“集聚型城镇空间，开敞型生态空间”的空间利用格局、统筹发展的空间布局以及分区差异化的城镇化空间集聚形态。安徽省通过加快合肥、芜马两大经济圈建设，培育阜阳、蚌埠、黄山、安庆四大增长极，推进滁州、亳州都市区的建设，加快推进沿江、“淮合芜宣”城市带的发展，形成“两圈两带一群”，进一步凸显城市规模经济，全面实现对接长三角的东向发展的城镇化空间格局。安徽省全力提升合肥在全国省会城市中的地位，将合肥建设成为有较大影响力的特大中心城市，通过做大做强中心城市，发挥中心城市的辐射带动作用，加快县域和特色小城镇的规划建设，建成层次分明、结构合理的城镇体系。

（四）农业转移人口市民化推进

解决农业转移人口就业、生活困难，有效实现农业转移人口市民化，是当前城镇化高质量发展的重要课题。《安徽国家新型城镇化试点省三年行动计划（2015—2017）》（以下简称《行动计划》）中提到农业转移人口市民化“153”行动，其中包括户籍制度改革、“五有并轨”和“三权落实”。当前是《行动计划》的终期，新型城镇化建设工作取得了积极成效。户籍制度改革有所突破，安徽省降低了农业转移人口落户城镇的门槛，从 2014 年我省被列为国家新型城镇化试点省份到

2017 年底，共有 413.6 万的农业转移人口实现了落户城镇；“五有并轨”工作也取得突破性进展，全省通过组织实施以农业转移人口为重点的就业技能培训，切实解决就业困难，对就业稳定的农业转移人口提供住房保障措施以及解决随迁子女教育问题。截至 2017 年底，有 35.36 万套的公租房都租给了农民工等困难人员，占公租房总量的 47.15%，随迁子女接受义务教育人数已达 26.1 万。

（五）城镇建成区面积快速增加

安徽省城镇建成区面积快速扩张。2005 年安徽省城镇建成区的面积是 1260.35 平方千米，2006 年建成区的面积比 2005 年减少了 124.49 平方千米。从 2006 年之后，安徽省建成区的面积不断上升，增长的趋势比较缓慢，但是仍然处于增长的状态。截至 2017 年底，城市建成区面积达到 2039 平方千米，比 2005 年的城镇建成区面积增加 778.65 平方千米，年平均增长 4.09 个百分点（图 3－3）。

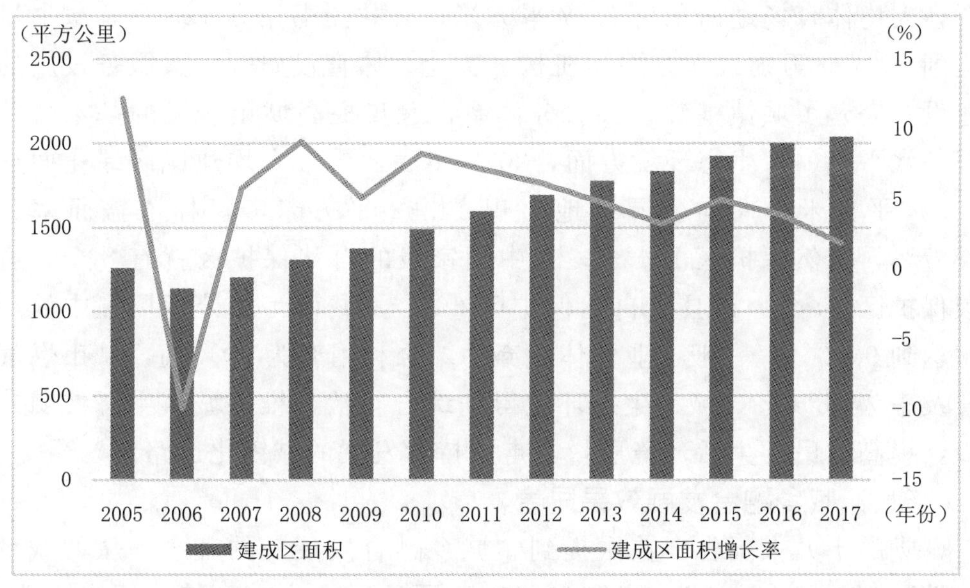

图 3－3　2005—2017 年安徽省城镇建成区面积及增速

（六）城市可持续发展能力显著提高

可持续发展能力包含城市产业发展、空间规划、基础设施、公共服务、环境保护、政府管理等方面的综合实力。改革开放以来，安徽经济的快速增长为城市的转型发展奠定了良好的物质基础。全省着力推动建设公共服务均等化以及农业转移人口市民化的机制，不断完善交通运输和信息网络，突破环保新技术，为城镇化可持续发展能力的提升提供了有力的支撑。各级政府大力实施产城融合机制，促进产业转型，统筹城乡环境，为城市的可持续发展奠定了坚实基础。具体来看：(1) 安徽省城镇化的规模不断扩大，2017 年底，合肥市区常住人口规模达 385.4 万，芜湖、蚌埠、六安等地市区人口规模超 100 万，市区常住人口规模超过 50 万的有马鞍山、安庆、池州、铜陵、滁州。(2) 城市资源方面，安徽省拥有丰富的矿产资源，煤炭、铜矿、水泥用石英灰等资源储量较多，特别是铜陵市的铜矿资源。(3) 城市基础公共服务建设，为城镇居民提供了便利的服务设施，从 2000 年全省 6705 个医疗卫生机构增长到 2017 年的 24484 个医疗卫生机构，年平均增长 15.6 个百分点。截至 2017 年底，全省体育场地数达到 58733 个，人均体育场地面积为 1.47 平方米，公共图书馆有 123 个，藏书量达到 2537.1 万册。医疗卫生机构、文化、体育设施等公共服务设施的建设，完善了城镇基础公共服务体系，逐步提高城镇居民的基本公共服务水平。(4) 生态环境方面，2017 年底，城市人均建成区绿化面积 13.74 平方米，人均公园绿地面积 14.32 平方米，森林覆盖面率为 28.7%，自然保护区 104 个，其中国家级的自然保护区就有 8 个，省级保护区 30 个，市县级自然保护区 66 个，城市污水处理厂集中处理率达到 93.9%，一般工业固体废弃物综合利用率为 90.9%，城市燃气普及率为 98.6%，城市生态环境得到综合整治，推进城镇生态文明建设，提高居民的生活环境质量，走可持续发展的城镇化道路。

(七) 城乡融合发展效果显著

党的十九大报告中首次提到“城乡融合发展”的理念，从“城乡统筹”到“城乡融合”，安徽省尊重不同地域在生态环境、历史文化、经济发展等方面的差异性，发展独具地域特色、多元统筹的城乡环境。安徽省在大力实施乡村振兴战略的基础上，坚持农业农村优先发展，推进产业合理布局、基础设施互联互通，引导城市要素向农业农村流动，深化承包地“三权分置”和农村集体产权制度改革。全省致力于农业农村现代化建设，高度关注“三农”问题，通过把公共资源优先投向农业农村，引导政府公共资源人均投入增量向农村倾斜，实现城乡公共资源配置适度均衡和基本公共服务均等化。截至2017年末，安徽省现代化农业建设取得了显著成效，粮食产量达到3476万吨，农产品加工业生产总值增长9.2%。

二、安徽城镇化发展机遇和困境

（一）发展机遇

安徽省临江近海，地跨长江、淮河、新安江三大流域，居中靠东，东临江浙等地与经济发达地区紧密相连。皖江、皖北、皖西、皖南四大区域板块相继上升为国家战略，构建了安徽发展的多极支撑，在全国区域格局中的战略地位更加凸显。安徽凭借独特的地理区位积极融入国家“三大战略”，开展与“一带一路”沿线国家的经济开放合作，加快推进京津冀协同发展，全面参与长江经济带的建设。省会城市合肥，位于皖中地区，受到长江三角洲、长江经济带的经济、文化、政治等各个方面的辐射能力的影响，巩固了其在安徽省乃至全国省会城市中的地位，同时大力带动皖北、皖西等周边贫困地区。安徽省在中国水陆空立体交通网方面拥有得天独厚的优势，便于产品、技术在国内和国际上流通，铁路专线纵横交错，港口沿岸不胜其数，航运发达，高速公路四通八达。合肥是国家级综合交通枢纽、亚洲地区特大型交通枢纽之一，交通便利，综合交通枢纽不断趋于完善，借助于交通的区位优势为长江经济带提供了交通支持。安徽省人口稠密，市场较为广阔，吸引外商投资，带动周边地区发展，资源矿产丰富，淮南、淮北已建成亿吨级的煤炭基地，铜陵有色铜加工产量位居全国前列，黄山和池州旅游业丰富。安徽省各地自然资源丰富，合理地利用开发资源，借助于省内廉价的劳动力和土地等优势，进一步推动安徽省城镇化建设的进程。

在经济快速发展的潮流中，安徽省已经拥有了相对完善的工业化体系，安徽省不但具有稳定的产业基础，而且还有良好的产业配套基础。福布斯“世界500强”的49个行业，大多数在安徽能找到理想的对口企业和合作伙伴。安徽最大的工业行业——汽车及工程机械，在全国排名第 3，汽车的销售量排名全国第 6，还有一系列已达国内先进水平的机械部件，产量位于全国前列。特别是近两年来安徽省的汽车行业快速发展，同时，安徽省也一跃成为全国汽车行业增长最快的省份之一，其产品体系也从单一发展到现今的多样化。多样化的生产，推动国内一些知名企业的涌现，增强了安徽省的产业竞争力。近年来，安徽省高度重视地区战略性新兴产业的发展，截至 2017 年末，战略性新兴产业生产总值增长 21.4%，其中，24 个战略新兴产业集聚发展基地工业生产总值增长 23.1%，电子信息产品制造业作为安徽省政府投入最多的战略性新兴产业，已经出现了一批拥有一定规模和特点的重点企业，比如安徽康佳、合肥海尔、科大讯飞等，继而形成了如马鞍山的磁性材料、安庆市的电子陶瓷等一些独具特色的电子基础材料基地，区域间的竞争优势逐渐显露，除了电子信息产品制造业外，软件业的快速兴起，为市场提供了更多的就业岗位需求，同时，合肥软件园、芜湖软件园开发基地已经开发出一批拥有国际领先技术水平的软件产品。安徽省凭借资源优势成为国家级原材料和能源的供应基地，已经形成了五大基础产业，分别是能源、冶金、建材、有色、化工。其中，煤炭生产基地分别是淮南、淮北，全国重要的钢铁生产基地和铜金属的冶炼加工基地分别是马鞍山、铜陵。

（二）发展困境

1. 新型工业化市场推动力不足

城市带动力不强、发展不平衡已经成为安徽省城镇化发展的重要影响因素，新型工业化市场推动力的不足影响了城镇化的发展，同时城镇化的发展也能促进新型工业化市场的进程。由于中心城市的不足，对周边地区乃至贫困地区的辐射能力较弱，城市的总体竞争力比较弱。作为区域性的中心城市，合肥生产总值为 7213.45 亿元，常住人口人均生产总值 91113 元；而同样的作为省会城市的湖北武汉，生产总值为 13410.34 元，人均生产总值为 123831 元。相比之下，合肥的经济实力有待提升。蚌埠、阜阳、安庆等作为安徽省的区域性中心城市，经济、人口、文化、资源等不同要素的缺失匮乏，减弱了对周边地区的辐射带动力，形成区域间发展不平衡的现象。合肥作为经济政治中心，城镇化发展的水平在安徽省是最高的，芜湖、马鞍山次之，皖北城市的城镇化发展水平比较低，特别是城市人口比较多，资源比较匮乏的阜阳、蚌埠等城市。安徽省的城镇化呈现中心城市带动不足、城市群辐射能力不均、发展缓慢的现象。省域各中心城市尚未形成合理分工、紧密关联的网络化体系，都市圈、城市圈、城市组群协同性发展能力较弱，中心城市的综合竞争力有待提高。

2. “土地城镇化”速度快于“人口城镇化”

在安徽省城镇化的快速推进下，“土地城镇化”快于“人口城镇化”，这是由于传统城镇化的盲目扩张，使得城市的空间处于迅速扩张的状态，建成区面积增长的速度明显地快于城镇人口的增长率，虽然2017年的建成区面积增速低于城镇人口增长的速度（图3-4），但是，自2007年至2017年末，安徽省建成区面积的年平均增长速度为5.43个百分点，安徽省城镇人口由2007年的2367.7万人增长到2017年的3345.8万人，增长了41.31%，年平均增长率为3.52个百分点。这表明安徽省城镇化的快速发展，造成土地集约利用水平比较低，空间资源分配不合理，其中还存在部分城市“摊大饼”式扩张，过分追求宽马路、大广场，新城区、开发区和工业园区占地面积过大的现象。安徽省城镇化建设出现过度重视城镇化的发展速度，而忽视了城镇化发展的质量，重外延轻内涵、重形式轻功能、重地上轻地下等问题，推动农业现代化、工业化、城乡融合和城镇化高质量发展。

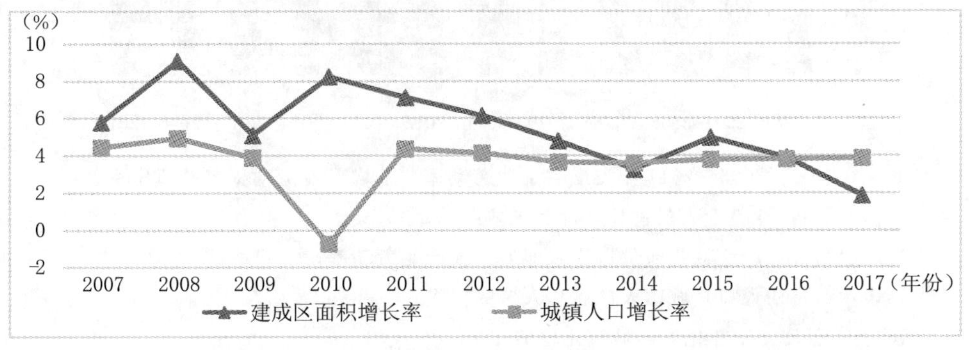

图3-4　2007—2017年安徽省建成区面积增长率与城镇人口增长率

3. 城镇化滞后于工业化

安徽省经济发展水平在不断地提高，呈现出良好的态势，2017 年安徽省生产总值为 27518.67 亿元（图 3 - 5），人均生产总值为 44206 元。工业化作为城镇化进程的重要推动力，不但是新型城镇化发展的动力源泉，而且还是一个地区经济增长的重要因素。它们彼此之间相互促进，有着密切的关系。首先，工业化总量的增加必然会使得农村剩余劳动力向工业企业转移，进而农村人口就会出现向城镇流动的现象；其次，工业结构的调整、战略性新兴产业的发展创造了大量的就业机会，其创造的财富为城镇的基础设施和公共服务等各项条件提供了基础条件，同时也为城镇化的发展奠定了坚实的基础。其次，城镇化的发展推动了工业化的进程，城镇化通过人口集聚带动人才、科技、资本等其他要素的集聚，为工业化提供空间承载，满足其劳动力需求。根据国际标准值法，只有将劳动力工业化率与城镇化率的比值与 0.5、非农产业劳动率与城镇化率的比值与 1.2 相比，才能判断一个国家或地区的城镇化是滞后工业化、超前工业化还是与工业化相协调。从图 3 - 5 可以看出，2005—2017 年，安徽省的劳动力工业化率与城镇化率

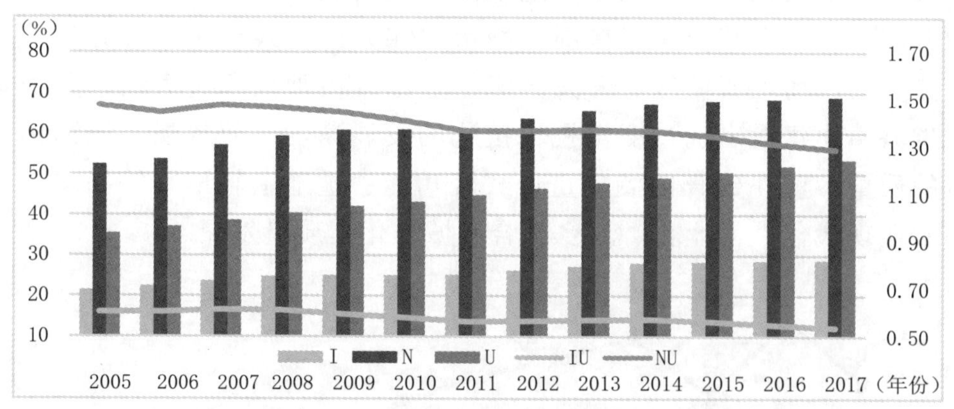

图 3 - 5　2005—2017 年安徽省工业劳动率、非农产业劳动率与城镇化率

注：I 表示第二产业就业人员占比，即为工业劳动率；

N 表示第二三产业就业人员占比，即为非农产业劳动率；

U 表示（常住人口）城镇人口占总人口的比重；

IU 表示劳动力工业化率与城镇化率的比值；

NU 表示非农产业劳动率与城镇化率的比值。

的比值都高于0.5，且非农产业劳动率与城镇化率的比值高于1.2，安徽省的城镇化滞后于工业化发展，劳动力工业化率与城镇化率的比值、非农产业劳动率与城镇化率的比值从2005年的0.60、1.48分别下降到2017年的0.54、1.29。从总体上可以看出，随着国民经济的快速发展，安徽省城镇化水平不断提高，城镇化与工业化也在不断地趋于相协调的方向，但我省的城镇化仍处于滞后于工业化的状态。

第二节 安徽新型城镇化质量评价研究

一、新型城镇化内涵

城镇化不仅是衡量一国发展水平的重要指标，同时也是一国经济健康可持续发展的重要推动力。习近平在论及深入推进新型城镇化建设时强调，城镇化是现代化建设的必由之路。城镇化建设要注重户籍城镇化、公共服务均等化、环境城镇化，体现以人为本的核心目标，注重居民生活质量的提高，实现“质”和“量”的统一。改革开放以来，我国城镇化水平快速提高，各大中小城镇规模迅速扩张，基础设施建设日趋完善，城乡格局体系逐渐优化，城乡收入差距不断缩小。但城镇化在推动经济社会快速发展的同时，也出现了盲目的城镇空间规模扩张等现象，造成城镇化滞后于工业化、人口城镇化落后于土地城镇化、资源大量消耗、环境矛盾加剧、基本公共服务不均等、经济结构失衡、就业压力大等一系列问题。

传统的城镇化道路与新型的城镇化道路的不同之处在于后者注入了新的深层次内容。新型城镇化要以城市集约发展、生态宜居、社会和谐为发展目标，以新型产业化为动力，以统筹兼顾为原则，以改善人民生活为重点，完善城乡基础设施建设，调整城乡空间结构，保障城乡居民均等地享受公共服务，推进城乡公共服务均等化，从量的扩张到质的提升，建设具有中国特色的新型城镇化发展道路。

走新型城镇化的道路，经济方面，在促进经济可持续发展的同时，要缩小城乡人均可支配收入的差距，加快城乡融合的发展以及农民人口市民化，鼓励扶持农民就业创业，提高农民工外出务工的薪资水平，切实提高城乡居民的人均可支配收入，改善居民的生活。社会健康方面，要提高社会福利水平和社会保障制度，加大城乡基础医疗设施建设力度，完善医疗保障制度，切实保障城乡居民的基本生活。城市建设方面，要加大城市基础设施建设力度，完善绿色城市的规划，改善城市居民的生活环境，坚持绿色的发展理念，走绿色、创新、和谐、可持续发展的新型城镇化道路。

二、城镇化质量指标体系的构建

基于新型城镇化的科学内涵和根本要求，新型城镇化质量评价应包含人口、产业、生态、公共服务、城乡一体化等方面内容，本节选取人口城镇化、产业城镇化、生态环境可持续化、公共服务城镇化、城乡一体化5个方面，其中还包括19个二级指标，分别是：(1) 人口城镇化：常住人口城镇化率、第二三产业就业人员占比、户籍城镇化率、城市人口密度；(2) 产业城镇化：人均地方财政收入、第三产业增加值占比、人均存款余额；(3) 生态环境可持续化：人均建成区绿化覆盖面积、人均公园绿地面积、城市污水处理率；(4) 公共服务城镇化：每万人普通小学在校生专任教师数、每万人拥有医院卫生床数、国际互联网用户数、每百人公共图书馆藏书、人均地方财政教育支出、人均地方财政科技支出；(5) 城乡一体化：城乡人均收入差异系数、城乡公路网密度。

安徽省各地市新型城镇化质量评价指标体系见表3-1所列。

表3-1 安徽省各地市新型城镇化质量评价指标体系

一级指标	二级指标
人口城镇化	常住人口城镇化率（%）
	第二三产业就业人员占比（%）
	户籍城镇化率（%）
	城市人口密度（人/平方千米）

（续表）

一级指标	二级指标
产业城镇化	人均地方财政收入（元）
	第三产业增加值占比（%）
	人均存款余额（元）
生态环境可持续化	人均建成区绿化覆盖面积（公顷）
	人均公园绿地面积（平方米）
	城市污水处理率（%）
公共服务城镇化	每万人普通小学在校生专任教师数（人/万人）
	每万人拥有医院卫生床位数（张/万人）
	国际互联网用户数（万户）
	每百人公共图书馆藏书（册/百人）
	人均地方财政教育支出（元）
	人均地方财政科技支出（元）
城乡一体化	城乡人均收入差异系数
	城乡公路网密度（千米/百平方千米）

三、新型城镇化质量评价研究方法

对选取的 2017 年安徽省 16 个地市的数据进行极差标准化，并对标准化后的数据进行 SPASS 22.0 的因子分析，见表 3－2 和表 3－3 所列。

表 3－2 公因子方差

解释的总方差						
成分	初始特征值			提取平方和载入		
	合计	方差的%	累积%	合计	方差的%	累积%
1	7.164	37.704	37.704	7.164	37.704	37.704
2	3.546	18.661	56.366	3.546	18.661	56.366
3	2.295	12.081	68.447	2.295	12.081	68.447
4	1.514	7.968	76.415	1.514	7.968	76.415
5	1.37	7.208	83.623	1.37	7.208	83.623

（续表）

解释的总方差						
成分	初始特征值			提取平方和载入		
	合计	方差的％	累积％	合计	方差的％	累积％
6	0.929	4.892	88.514			
7	0.67	3.527	92.042			
8	0.56	2.949	94.991			
9	0.33	1.739	96.729			
10	0.275	1.446	98.175			
11	0.155	0.816	98.992			
12	0.083	0.436	99.427			
13	0.059	0.31	99.738			
14	0.044	0.233	99.97			
15	0.006	0.03	100			
16	1.00E－13	1.02E－13	100			
17	1.00E－13	1.01E－13	100			
18	1.00E－13	1.01E－13	100			
19	－1.00E－13	－1.01E－13	100			
提取方法：主成分分析						

表 3－3　安徽省各地市各因子综合得分

城　市	FAC1 _ 1	FAC2 _ 1	FAC3 _ 1	FAC4 _ 1	FAC5 _ 1	综合得分
合肥市	1.83968	2.21374	－0.29468	0.74521	0.73432	1.183447
淮北市	－0.53379	0.13609	1.36051	0.33553	1.2688	0.106689
亳州市	－1.28922	0.25835	0.38959	0.56313	－0.90643	－0.41128
宿州市	－1.2189	0.94983	－0.53648	0.03514	－0.03295	－0.34671
蚌埠市	0.14028	0.23235	－0.74622	－0.31721	1.00217	0.05306
阜阳市	－0.82298	0.78962	－0.99163	－0.48622	－0.57737	－0.3631
淮南市	－0.43052	0.43295	0.02784	－0.01675	－0.006	－0.07993
滁州市	0.47289	－0.05598	0.19367	－2.98546	0.51169	－0.00975
六安市	－1.20288	0.14024	0.34835	－0.18473	－0.20864	－0.41504
马鞍山市	0.48634	0.3565	1.30928	1.33871	0.78841	0.571567

（续表）

城　市	FAC1_1	FAC2_1	FAC3_1	FAC4_1	FAC5_1	综合得分
芜湖市	1.33273	0.41438	0.75373	−0.9957	−2.21171	0.432121
宣城市	−0.97766	−0.52089	−0.36771	0.37276	0.12154	−0.47178
铜陵市	0.97099	−1.67556	1.66402	0.21803	0.11761	0.280306
池州市	−0.48733	−1.52634	0.12728	−0.05788	−0.01103	−0.4586
安庆市	0.83479	−0.74422	−1.12924	1.32008	−1.82309	0.013222
黄山市	0.8856	−1.40106	−2.1083	0.11536	1.23268	−0.08421

通过对2017年安徽省16个地市5个一级指标和19个二级指标进行计算（表3-4），结果表明：安徽省城镇化发展的质量不均衡，地区间城镇化发展水平差异较大。其中，城镇化质量水平最高的是合肥市，马鞍山市、芜湖市紧随其后，而亳州市、六安市、池州市、宣城市四个城市的综合得分比较低，城镇化水平排名较靠后。

表3-4 2016—2017年安徽省各地市城镇化发展排名

城　市	2016年		2017年	
	综合得分	排名	综合得分	排名
合肥市	1.1056	1	1.1834	1
马鞍山市	0.7694	2	0.5716	2
芜湖市	0.2926	3	0.4321	3
铜陵市	0.1765	4	0.2803	4
滁州市	0.1491	5	−0.0097	8
蚌埠市	0.1250	6	0.0531	6
安庆市	0.0673	7	0.0132	7
淮北市	0.0169	8	0.1067	5
淮南市	−0.1115	9	−0.7194	9
宿州市	−0.2399	10	−0.3467	11
黄山市	−0.2570	11	−0.0842	10
六安市	−0.2802	12	−0.4150	14
阜阳市	−0.3934	13	−0.3631	12
亳州市	−0.3951	14	−0.4113	13
池州市	−0.4551	15	−0.4586	15
宣城市	−0.5702	16	−0.4718	16

为了能够进一步地对安徽省16个地市的城镇化质量进行分析，我

们从人口、产业、生态环境、公共服务、城乡一体化五个方面进行剖析：（1）人口集聚方面。2017年，省会合肥拥有常住人口796.53万人，城镇化率达到73.75%，位于全省第一，众多的人口为合肥市提供了充足的劳动力，劳动力市场供给充裕，吸引更多的投资者，促进了合肥经济的发展，推进了城镇化的建设。阜阳市虽然是安徽省人口最多的城市，常住人口达到809.26万人，但是它的城镇化率并不高，低于安徽省城镇化平均水平，为41.75%。在综合评价分析中，阜阳市的排名为12位，城镇化建设相对比较落后，人口密度大，缺乏丰富的自然资源。（2）产业集聚方面。合肥市拥有自主创新产业、高新技术产业、先进制造业研发基地，促进了现代服务业的发展，吸引了大量的产业集聚，推动了城镇化的发展。处于长江经济带的芜马城市群拥有自主品牌汽车基地和精品钢基地，芜湖、马鞍山是综合交通枢纽和物流中心，在一定程度上受到长江经济带的辐射带动。铜陵市、淮北市拥有丰富的矿产资源，为产业的发展提供了便利的生产要素，为城镇化的发展提供经济基础。（3）生态环境可持续化方面。安庆市、六安市、黄山市三个城市作为生态旅游城市，应该重视打造生态文化旅游国际化，促进当地经济的发展，充分利用资源，推进城镇化的进程。（4）公共服务方面。基础公共服务设施的建设对城镇化的发展水平至关重要，蚌埠市、滁州市、淮南市三个城市的基础设施水平不高，这表明这些城市的基础设施建设的投入比例相对不高，基础设施还不够完善，有待加强，而合肥市、马鞍山市、安庆市的公共服务水平比较高，说明这三个城市对这方面的投入力度比较大，促进了城镇化水平的进一步提高。（5）城乡一体化方面。城乡融合的发展进一步促进了城镇化水平的提高，缩小城乡差距，提高居民生活水平。

从表3-4中可以看出，与2016年安徽省各地市城镇化发展水平除了滁州市、淮北市在排名上出现比较大的差异外，其他城市的城镇化发展水平没有明显的变化，淮北市城镇化发展水平的变化主要是由于其地方财政收入为107.6亿元，增长率为15.3%；固定资产投资1060.5亿元，增长10.6%；政府性投资项目完成投资110.7亿元，较上年增加52.8亿元，增长了91.2%，这为淮北市城镇化的发展提供了经济基础。而滁州市城镇化的水平降低，主要是在产业方面，三产增加值增速下滑，低于安徽省平均三产水平的增速，人均财政收入额、人均存款余额的增速放缓等以及产业结构的变动对城镇化水平具有重要的影响，产业支撑着安徽省城镇化的发展。

综上所述，安徽省16个地市的城镇化发展水平有所差异，区域间发展不平衡。要优化产业结构，以产业发展带动人口集聚，完善文化基础公共服务设施建设，统筹城乡一体化发展，重视城乡发展的协调性，完善户籍制度以及农业转移人口市民化，推动人的城镇化建设，加强生态环境可持续发展，改善居民生活环境和城市发展环境。

第三节　安徽城镇化时空演变研究

改革开放以来，在工业化、城镇化的双轮驱动下，安徽省城镇化水平步入质量与速度双提高、规模与品质双增强、集聚与带动效能双加速的时期，虽然安徽省城镇化建设取得了一定成就，但是在城镇化快速发展的进程中，受到区位、文化、环境、资源等的影响，也出现了一些急需解决的问题，比如农业转移人口市民化压力大，中心城市带动力不足，城镇化建设粗放化，发展特色不鲜明，管理和服务水平不高等一系列问题。为了能够更加清楚地解释近年来安徽省城镇化建设水平在空间上的分布，本节延用第二节中新型城镇化的综合评价指标，先是从时间上的变化研究城镇化的发展变化，然后从空间的角度研究安徽省城镇化水平的空间演变情况，从时空两个维度研究安徽省城镇化发展情况。

一、安徽城镇化水平趋势分析

（一）安徽省与全国以及中部六省的城镇化率比较分析

由于区域经济、文化、政策、环境等方面的差异，城镇化的发展速度及质量也不尽相同。近几年，安徽省实施以人为核心的新型城镇化战略，建设宜居、文明、健康的社会环境，城镇化建设取得了显著成效。从 2000 年到 2017 年末，安徽省的城镇化率从 28.00％上升到 53.49％，年平均增长 3.88％，城镇化水平处于不断上升的趋势，安徽省与全国城镇化发展的平均水平仍存在较大的差距，全国的城镇化发展水平从 2000 年的 36.22％上升到 2017 年的 58.52％，年平均增长率为 2.86％，但是与全国城镇化的平均水平处于不断缩小的趋势，由 2000 年的 8.22％缩小到 2017 年的 5.03％。安徽省城镇化发展水平未达到中部六省的平均发展水平，安徽省的城镇化水平由 2000 年的 28％上升到 2017 年的 53.49％，而中部地区的城镇化水平由 2000 年的 29.71％上升到 2017 年的 54.29％，年平均增长率达到了 3.61％，安徽省城镇化水平的年平均增长率明显高于中部地区的城镇化发展水平的增长率，说明安徽省在追赶中部地区的城镇化水平，与中部地区的城镇化水平差距不断缩小（图 3－6）。在中部六省中，安徽省的城镇化水平发展靠后，仅领先于河南省。安徽省与湖北省的城镇化发展水平存在很大的差距，湖北省的城镇化发展水平从 2000 年的 40.47％上升到 2017 年的 59.3％，年平均增长率达到了 2.27％，而安徽省的城镇化年平均增长率为 3.88％，安徽省城镇化发展速度快于湖北省城镇化发展速度，且安徽省与湖北省的城镇化发展差距由 2000 年 12.47 个百分点降低到 2017 年的 5.81 个百分点，说明安徽省与湖北省的城镇化发展水平的差距不断缩小（图 3－7）。

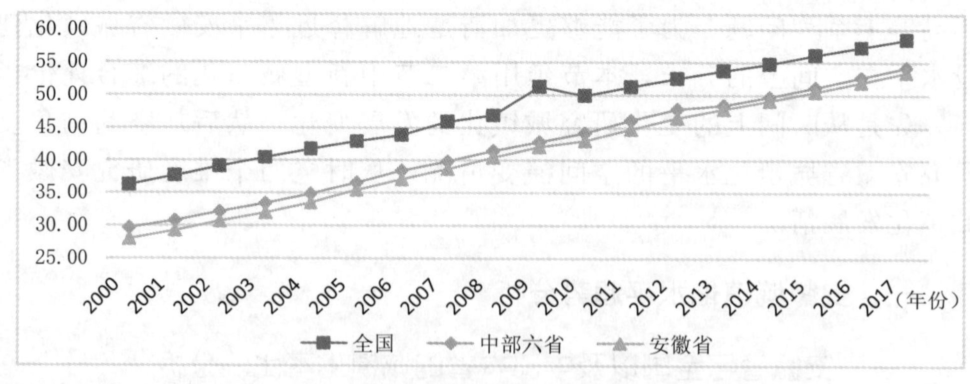

图 3－6　2000—2017 年安徽省与全国以及中部六省城镇化率的比较

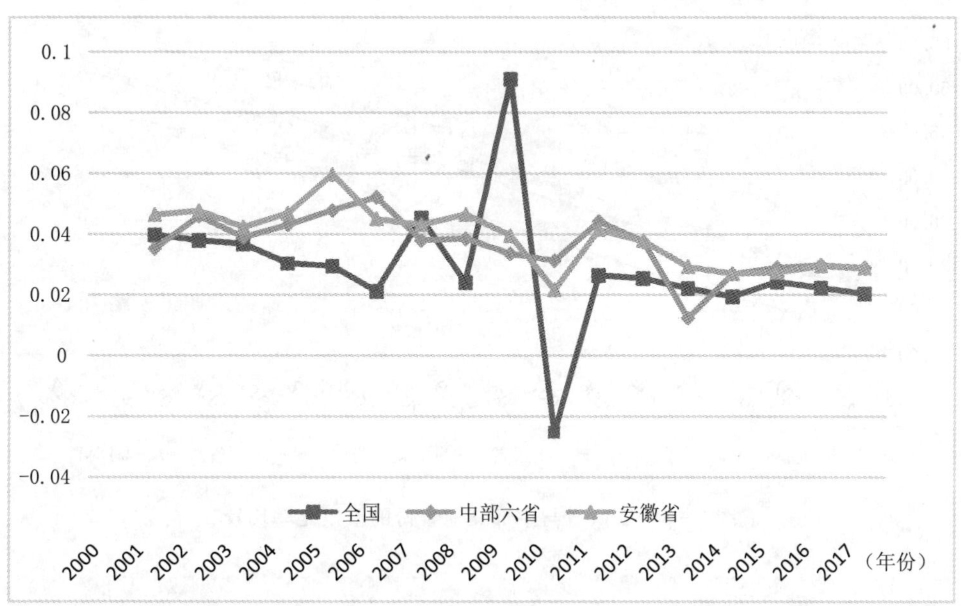

图 3－7　2000—2017 年安徽省与全国以及中部六省城镇化增长速率的比较

2000 年，安徽省的城镇化发展迈入成熟稳定阶段，城镇化的发展水平虽然落后于全国的平均水平和中部地区的平均水平以及中部地区发展水平最高的湖北省的城镇化率，但是安徽省的城镇化发展速度是非常快的，一直处于领先的地位。2002 年、2005 年、2008 年、2011 年、2016 年，安徽省的城镇化发展速度出现了 5 次高峰。从 2000 年到 2017 年末，安徽省的城镇化发展水平年平均增长 3.88 个百分点，而中部地区的城镇化发展水平的年平均增幅为 3.61 个百分点，安徽省明显高于中部地区平均发展速度 0.27 个百分点（图 3－7）。中部六省中，安徽省的发展速度明显快于其他省份，虽然城镇化发展水平仍然存在差距，但是安徽省与中部其他省份的城镇化水平的差距是在不断地缩小的（图 3－8，图 3－9）。安徽省的城镇化发展是具有巨大的潜力的。

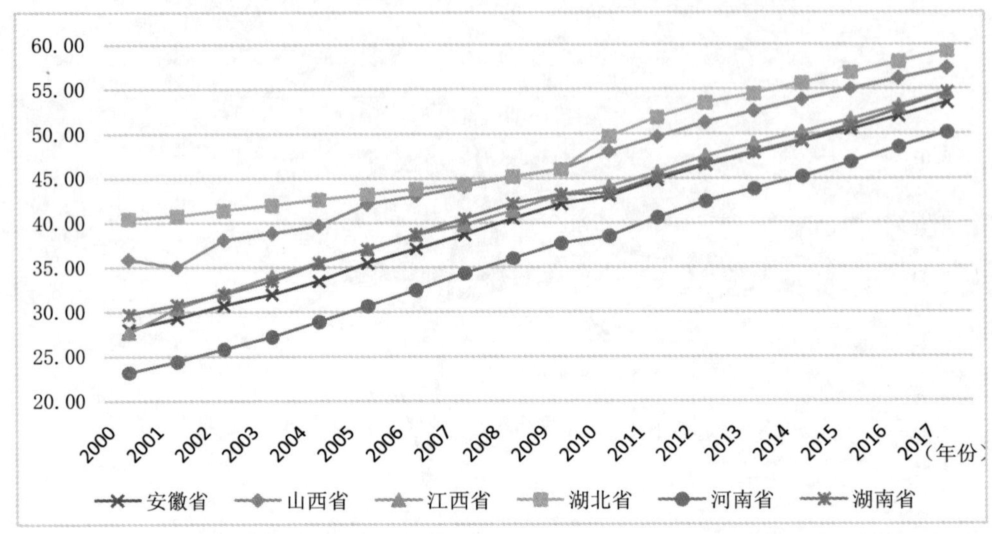

图 3－8 安徽省与中部其他省份的城镇化率比较

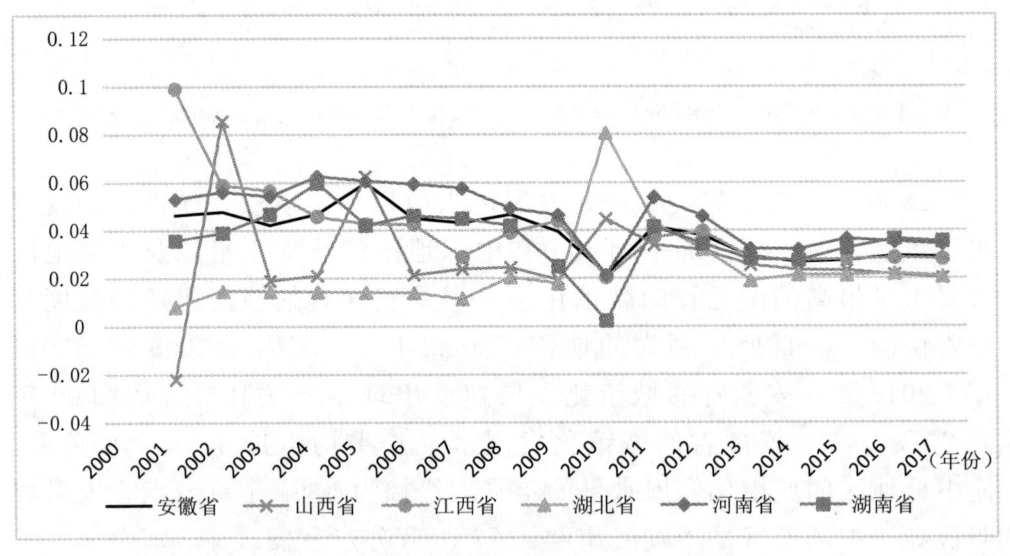

图 3－9 中部六省城镇化增长速度的比较

（二）皖南、皖中、皖北的城镇化发展趋势分析

安徽省深入落实科学发展观，响应“中部崛起”战略，构建以“经济强省，文化强省，生态强省”为重要目标的具有安徽特色的城镇化体系，提倡高效、集约、和谐的城乡发展环境。2010—2017 年，安

徽省的三大片区，皖南、皖中、皖北的城镇化发展水平整体上处于上升的趋势。作为安徽省的政治经济中心、皖中地区的区域性中心城市，合肥凭借丰富的资源禀赋，大力建设高新技术产业高地、先进的制造业基地以及自主创新基地，增强了对周边地区的经济辐射力，进一步地加速了人口向城镇的集聚，推动了城镇化建设的进程，城镇化率从2010年的63%上升到2017年的73.75%，城镇化发展水平年平均增长率达到了2.28%，近几年来，合肥市的城镇化水平始终排在首位。安庆市、滁州市、六安市三个城市主要是以农业、红色、生态旅游为特色的发展道路，创建具有地方特色的旅游品牌。比如，2017年安庆市的旅游景区接待海外游客25.8万人次，增长10.33%；接待国内游客6089.03万人次，增长18.87%；旅游总收入为610.77亿元，增长24.08%。由于地理区位、自然资源等的不同，安庆市、滁州市、六安市三个城市的城镇化发展处于中等水平，远远低于省会城市的城镇化发展水平（图3－10）。比如，滁州市的城镇化水平由2010年的41.6%上升到2017年的51.89%，年平均增长率为3.21%，与合肥市的城镇化发展差距均高于20%。皖南地区着力建设生态保护区，打造国际化旅游城市，特别是中小特色城镇化的建设，加速了人口的集聚，整体上皖南地区的城镇化发展呈现上升的趋势，除了铜陵市在2014年城镇化率达到顶峰后直线下降，到2015年达到城镇化的低谷期，城镇化发展水平达到52.73%，2016年后城镇化发展水平才缓慢地回升外，其他城市的城镇化发展处于良性的发展期（图3－11）。皖北地区积极推进农业现代化、工业化的进程，构建以淮北平原聚集区的粮食生产。淮南、淮北凭借丰富的矿产资源，加速了经济的快速发展，城镇化发展的水平明显高于其他城市，2017年淮南市矿石量为6320.96万吨，其中原煤产量为7395.9万吨，水泥用石灰岩产量为325.09万吨，而安徽省的原煤产量为11724.4万吨，其中淮南市的占比为63.08%，原煤产量比重达一半以上。作为城市人口密度比较大的阜阳、蚌埠、宿州，这些城市缺乏丰富的自然资源以及地理区位，城镇化发展水平比较落后。从总体上看，皖北地区的城镇化水平是比较低的，但是城镇化水平呈现缓慢上升的趋势（图3－12）。

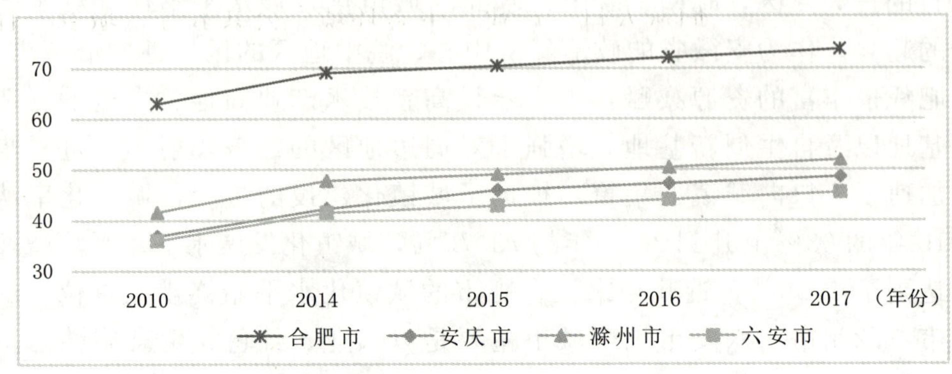

图 3－10　2010—2017 年皖中地区城镇化率

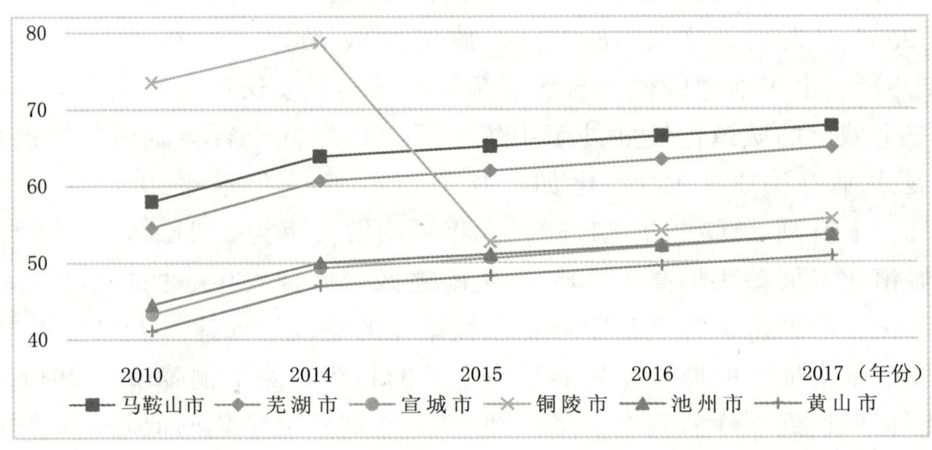

图 3－11　2010—2017 年皖南地区城镇化率

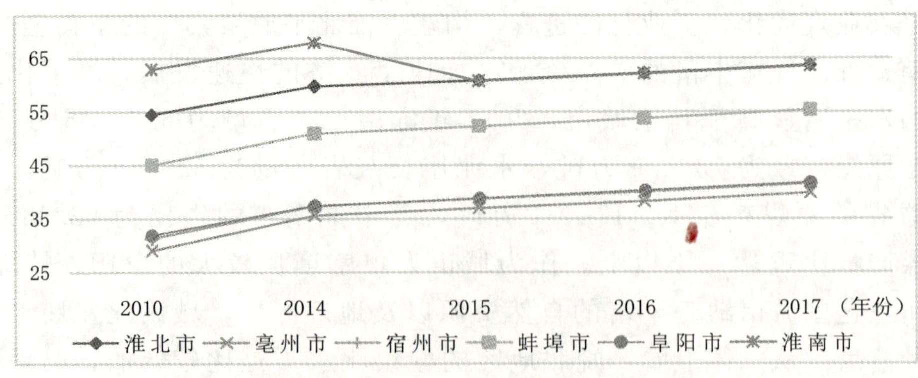

图 3－12　2010—2017 年皖北地区城镇化率

二、安徽城镇化时序变化研究

笔者根据2012—2017年安徽省16个地市的城镇化指标数据，对安徽省城镇化的发展质量进行综合评价，从时间趋势图（图3-13）来看，2012—2017年，合肥的城镇化水平始终位列第一，城镇化发展的质量整体上呈现上升的趋势，这与合肥的经济、文化、政治、环境等息息相关，为城镇化发展提供了物质基础，因此，发展的速度快、质量高。芜湖、马鞍山次之，虽然芜马城市群的城镇化水平是波动的，但是，芜马城镇化发展的质量大体上还是排名不变的，居二、三名。芜湖依靠便利的水上交通，港口众多，四通八达，带动周边地区的发展，马鞍山拥有丰富的钢铁资源，为工业化的发展提供充裕的生产要素。芜马城市群的建设，也为城镇化的建设提供了条件，而黄山市的城镇化发展的水平在2014—2016年期间呈现出下降的趋势，这可能是受到黄山市经济社会发展水平的制约，同时由于黄山属于旅游型城市，可能还会受到风景区经济季节性的影响并且城市基础设施还不够完善，仍处于比较低的水平。2017年，黄山市的城镇化水平有相对明显的提高，可能是由于政府合理规划，农村人口在不断地向城镇进行转移，实现农业转移人口市民化。皖北的亳州、阜阳、宿州三个城市城镇化发展水平比较低，这可能与人口过多、经济发展缓慢、资源匮乏有关。在时间趋势线上，可以看到，宣城市的城镇化水平一直呈现缓慢下降的趋势，但是下滑的幅度变小了。

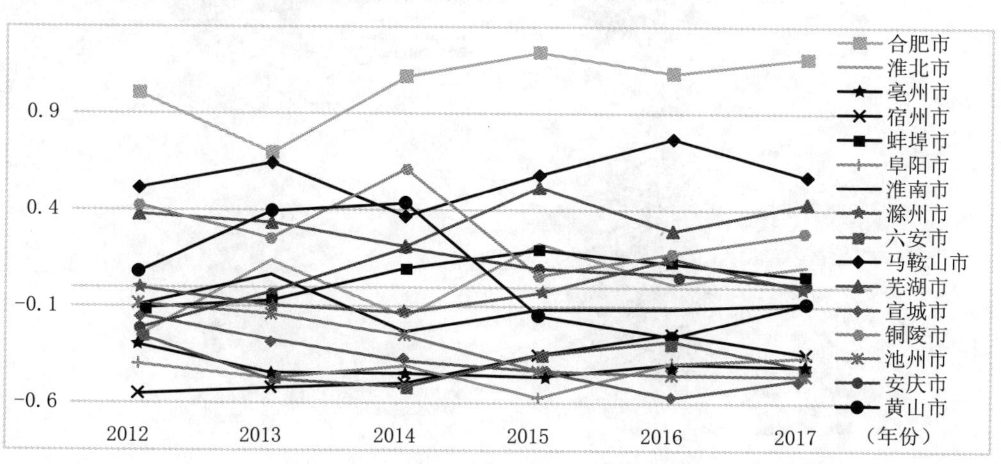

图3-13　2012—2017年安徽省各地市的城镇化综合得分时序

三、安徽城镇化空间分异研究

通过延用第二节的新型城镇化评价体系，选取 2012—2017 年安徽省市级指标数据，根据各地市城镇化发展得分情况，将安徽省城镇化的水平划分为 5 个等级，利用 Arcgis 自然断裂法，得到 2012—2017 年安徽省城镇化发展的空间分布（图 3 - 14）。

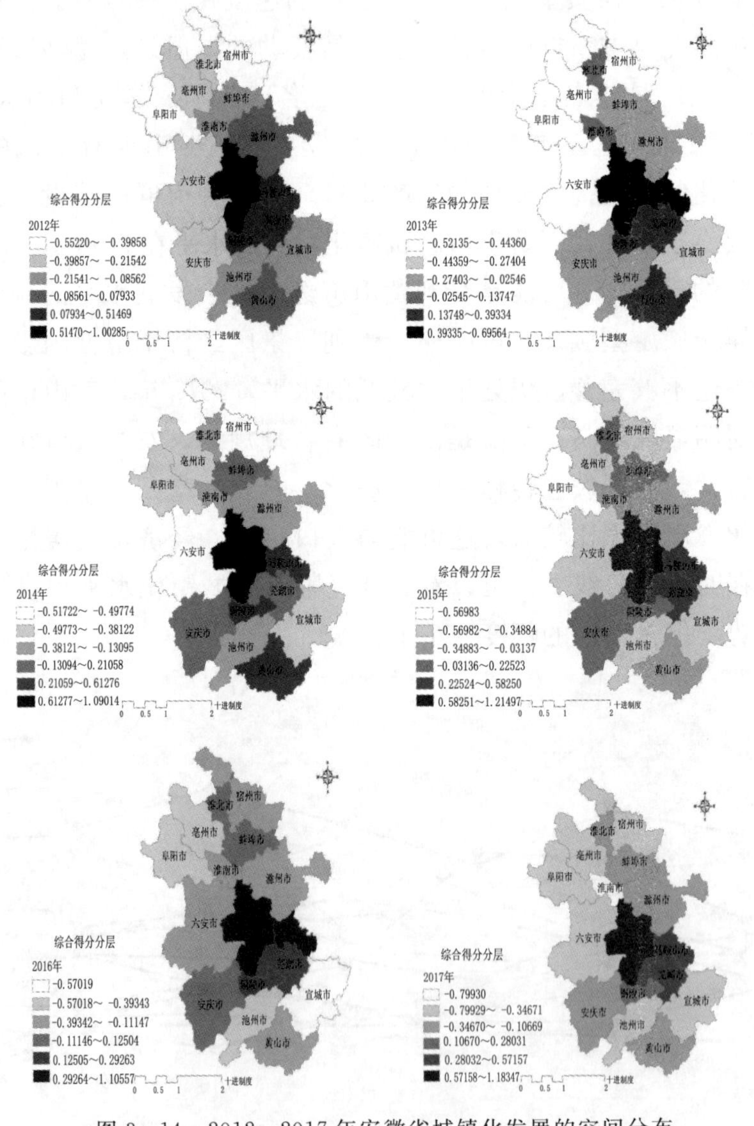

图 3 - 14　2012—2017 年安徽省城镇化发展的空间分布

安徽省城镇化水平表现为皖中地区较高，皖南次之，总体上是“中间高，四周低”的现象，合肥都市圈的城镇化空间发展呈现逐步完善的趋势，而都市圈内六安市的城镇化发展水平呈现出先减弱后上升的趋势，其他城市的城镇化发展是处于比较稳定的状态。皖中地区主要是合肥城镇化水平最高，而滁州市、六安市、安庆市的城镇化水平明显比合肥市低。滁州市、六安市、安庆市的三座城市的城镇化水平较弱，而合肥市的城镇化发展水平位居首位，这是由于合肥凭借完善的基础设施、强大的经济实力、优越的地理区位、优良的生态环境，更重要的是科技创新领域的发展，为城镇化的建设提供了契机，区域性中心城市的建设带动了周边城市的发展。皖北地区的城镇化水平普遍比较低，由于皖中地区中心城市地区的扩散作用，皖北地区的城镇化呈现出由南向北递减的趋势，主要是淮南市、蚌埠市、淮北市三个城市的城镇化水平相对较高，亳州市、阜阳市、宿州市城镇化水平相对比较低，这主要是受到城市人口密度、经济发展缓慢、资源匮乏等一系列因素的影响。其他中等城镇化水平的城市，依靠自身的资源禀赋优势，推进城镇化建设，近年来也逐步取得了较快的增长。相比于皖中、皖北的城镇化发展变化，皖南城镇化发展的空间变化总体上还是皖南偏北方向的城市城镇化水平比较高，特别是芜湖、马鞍山这两座城市，一方面受到中心城市的辐射效益，另一方面得益于优越的地理区位和丰富的资源。池州市与宣城市的城镇化发展水平还是比较落后的，黄山市借助其旅游资源的优势发展生态旅游经济，推动了城镇化的发展，城镇化发展变化比较明显的时期是在 2013 年以及 2014 年，随后就出现了质量下降的趋势。

本节主要从时序变化（图 3 - 13）以及空间演变（图 3 - 14）两个角度研究安徽省的城镇化水平：在时序变化上，主要是以 2012—2017 年的城镇化综合评价得分为依据，分析安徽省各个地市的城镇化水平；在空间演变上，安徽省新型城镇化发展质量水平较高的城市主要分布在中部以及中部偏北地区，安徽省各地市的城镇化水平受到经济、文化、资源等区域性差异的影响，呈现出不同的等级，推进城镇产业结构化调整，农业转移人口市民化，改善城乡二元结构，促进城乡融合的发展，构建生态环保的新型城镇化建设，推进新型城镇化高质量建设。

第四节 本章小结

本章首先对安徽省新型城镇化的概况进行详细描述，阐释安徽省新型城镇化的历史沿革及发展现状，并对新型城镇化的发展机遇及挑战进行分析。其次，通过构建指标体系，对安徽省新型城镇化的质量进行评价，揭示安徽省新型城镇化发展的时空演进，指出安徽省不同地区间以及与其他省份间，在时间和空间两个维度的演变及分布特征。最后，对安徽省新型城镇化的相关政策及成果进行梳理，指明安徽省未来努力的方向。

一、城镇化进程显著加快，空间布局逐步完善

随着改革开放和工业化进程的不断加快，安徽省的城镇化建设也逐步向稳定发展的方向前进。城镇化率由 1978 年的 12.4%上升至 2017 年的 53.5%，与全国平均水平的差距不断缩小。2017 年末，安徽省的 GDP 总量达到了 27518.67 亿元，人均 GDP 为 44206 元。常住居民人均可支配收入增长了 9.3%，达到了 21863 元，其中，城镇常住居民人均可支配收入为 31640 元，比上年增加了 8.5%。安徽省以集聚发展、统筹发展、分区发展的三大战略为指导，形成有疏有密的“集聚型城镇空间，开敞型生态空间”的空间利用格局、统筹发展的空间布局以及分区差异化的城镇化空间集聚形态。

二、注重人口城镇化，更强调土地城镇化

虽然一直以来安徽省将人口城镇化放在突出位置，但人口城镇化速度仍滞后于土地城镇化。截至 2017 年底，413.6 万的农业转移人口落户城镇，“五有并轨”工作也取得突破性的进展，已有 35.36 万套公租房租给了农民工等困难人员，占公租房总量的 47.15%。并且，随

迁子女接受义务教育的人数已达 26.1 万人。“三权落实”的成果也初见成效。然而传统城镇化的盲目扩张，使得城市的空间处于迅速扩张的状态，建成区面积的增长速度明显快于城镇人口的增长速度，虽然 2017 年的建成区面积增速是低于城镇人口增长速度的，但 2007—2017 年末，安徽省建成区面积的年平均增长速度为 6.97 个百分点，安徽省城镇人口由 2007 年的 2367.666 万人增长到 2017 年的 3345.8 万人，增长了 41.31%，年平均增长率为 4.131 个百分点。当前，增强土地利用率、推动农业现代化以及促进城乡融合发展，有助于新型城镇化水平的提高。

三、城镇化发展水平有差异，区域发展不平衡

通过对新型城镇化发展质量的综合评价发现，省内新型城镇化质量水平最高的是合肥市，其次是芜湖市、马鞍山市，而亳州市、六安市、池州市、宣城市四个城市的综合得分比较低，城镇化水平排名较靠后，且排名靠前的地区与排名靠后的地区在各个得分项上差距较为显著。推动城镇化的发展应该从各个方面进行，优化产业结构，以产业集聚带动人口集聚，完善文化基础公共服务设施的建设，统筹城乡一体化发展，重视城乡发展的协调性，完善户籍制度，推动人的城镇化建设，促进生态环境可持续发展，改善居民生活环境和城市发展环境。

四、与其他地区仍有差距，但差距缩小

近几年，安徽省实施以人为核心的新型城镇化战略，建设宜居、文明、健康的社会环境，城镇化的建设也取得了显著的成效。2000—2017 年末，安徽省的城镇化率从 28.00%上升到 53.49%，年平均增长 1.53%，城镇化水平处于不断上升的趋势，安徽省与全国城镇化发展的平均水平仍存在较大的差距，但是与全国城镇化的平均水平处于不断缩小的趋势，由 2000 年的 8.22 个百分点缩小到 2017 年的 5.03 个百分点。中部六省中，安徽省的发展速度明显快于其他省份，虽然城镇化发展水平仍然存在差距，但是安徽省与其他中部省份城镇化水平的差距不断缩小，安徽省的城镇化发展是具有巨大潜力的。

第四章 安徽城市群发展研究

第一节 安徽城市群发展概况

党的十九大报告指出要以城市群为主体构建大中小城市和小城镇协调发展的城镇格局。城市群一般以具有较强辐射带动能力的中心城市为核心，由若干空间距离较近、经济联系紧密、功能互补、等级有序的城市组成，依托发达的交通、通信等基础设施形成能够产生较大集聚效应的城市共同体。2013 年发布《安徽省主体功能区规划》（以下简称《规划》）提出：到 2020 年全省国土开发新格局基本确定，以三大战略格局为主形成“一圈一带一群”的全省经济空间格局，即合肥都市圈、皖江城市带、皖北城市群。到 2020 年，实现区域经济总量大幅提高，地区生产总值保持平稳健康增长，城市人口规模提高，城镇化率达到 70%左右。《规划》指出，通过“一圈一带一群”城市的联动发展以及各区域中心城市的辐射带动，优化安徽省国土空间布局，加快区域一体化进程，将“一圈一带一群”打造成为安徽经济发展的引领区。本节将分析这三大城市群（圈）的区位条件、经济实力、发展现状、存在问题以及发展前景，并进行城市群（圈）间不同时点经济指标的对比分析。

一、合肥都市圈

2016 年 12 月 3 日，安徽省政府办公厅印发《长江三角洲城市群发展规划安徽实施方案》（以下简称《实施方案》），规划提出将合肥经济圈升级为合肥都市圈，将芜湖市与马鞍山市加入进来，以期形成经济增长的新引擎。合肥都市圈以合肥市为中心，依托合肥与周边城市产业链与创新链的促进融合，推动圈内城市合力构建高水平、多功能对外开放平台，提高合肥市对周边城市的辐射带动作用，以期定期协作共赢、联动发展。合肥都市圈位于长三角的西端，包括合肥市、六安市、淮南市、滁州市、芜湖市、马鞍山市以及安庆的桐城市，总面积占全省的40.6%，人口约占全省的43.2%，区域经济总量占全省比重达到59%左右。《实施方案》提出，到2020年，合肥都市圈的人口将达到1500万人，城镇化水平达到80%～85%，到2030年，城镇化率达到长三角地区的平均水平。

合肥都市圈呈现快速协调均衡发展的态势，整体发展势头良好，《实施方案》提出要构建“一区、五轴、三带、多组团”的城镇空间格局体系，其中“一区”指的是合肥、芜湖、马鞍山三大城市中心城区以及周边环巢湖地区所组成的城镇密集区，通过城镇密集区的作用，推动经济整体均衡发展；“五轴”指的是合芜马、合滁宁、合淮、合六以及合桐发展轴，通过发展轴之间的经济交流，推动整体都市圈的均衡发展；“三带”指的是以合肥、芜湖、马鞍山为中心的辐射带动带，充分发挥区域中心城市的辐射引领作用；“多组团”指的是多个县级中等城市和若干产业新城。合肥都市圈在深入贯彻《实施方案》发展的同时，要大力发展战略性新兴产业，充分发挥合肥的核心带动以及经济辐射作用，建设更加便利的交通基础设施，加快合肥都市圈整体更好地发展，提高区域协同力和联动水平。在空间发展模式上，由点-轴辐射系统，尽快转为网络化模式，实现经济的均衡协调发展。

2017年合肥都市圈地区生产总值为15781.99亿元，占全省的比重为58.41%。其中第一产业生产总值为1054.59亿元，占全省的比重为45.27%；第二产业生产总值为7998.87亿元，占全省的比重为62.30%；第三产业生产总值为6728.51亿元，占全省比重为58.02%。2017年社会销售品零售总额为6037.91亿元，占全省比重为53.95%。进出口总额为389.34亿美元（不包括桐城市），占全省比重为72.59%。实际利用外商直接投资为98.84亿美元（不包括桐城市），占全省比重为62.18%。2017年合肥都市圈的财政收入为

1517.24 亿元，财政支出为 2691.24 亿元；2016 年合肥都市圈的财政收入为 993.61 亿元，财政支出为 1793.43 亿元。合肥都市圈 2016 年与 2017 年各经济指标的对比情况见表 4－1 所列。其中 2016 年的数据包括合肥、滁州、六安、淮南的统计数据（不包括桐城市），2017 年的数据包括合肥、滁州、六安、淮南、芜湖、马鞍山以及桐城市的统计数据，其中进出口总额和实际利用外商直接投资不包括桐城市数据。

表 4－1 合肥都市圈 2016 年与 2017 年各经济指标的对比情况

	地区生产总值（亿元）	第一产业产值（亿元）	第二产业产值（亿元）	第三产业产值（亿元）	社会消费品零售总额（亿元）	实际利用外商直接投资（亿美元）	进出口总额（亿美元）	财政收入（万元）	财政支出（万元）
2016 年	9769.2	803.47	4833.73	4132	4696.46	47.28	235.79	9936094	17934338
占全省比重（%）	39.62	31.62	40.34	40.77	46.97	32.16	53.23	41.04	36.77
2017 年	15781.99	1054.59	7998.87	6728.51	6037.91	98.84	389.34	15172431	26912373
占全省比重（%）	58.41	45.27	62.30	58.02	53.95	62.18	72.59	59.79	49.66

通过表 4－1 可知，合肥都市圈的经济增长速度保持平稳均衡的状态，2016—2017 年的经济指标增幅较大，很大一部分原因来源于 2016 年底《实施方案》的提出，将芜湖与马鞍山并入合肥经济圈以此升级为合肥都市圈，芜湖与马鞍山城市的并入增加了合肥都市圈的各项经济指标。从整体来看，合肥都市圈的经济增长稳定，区域中心城市的协同力度较强，通过区域中心城市的辐射带动作用能够推动区域经济的平稳均衡增长。

二、皖江城市带

皖江城市带是促进中部地区崛起战略的重点发展区域，是长三角地区向中部转移和辐射的区域，它的成立是承接产业转移新模式的客观需要，对于区域协同发展具有重要意义。2010 年 1 月 12 日，国务院正式批复《皖江城市带承接产业转移示范区规划》（以下简称《规划》)，皖江城市带承接产业转移示范区建设纳入国家发展战略。皖江城市带包括合肥、芜湖、马鞍山、铜陵、安庆、池州、滁州、宣城8市全境以及六安市的金安区和舒城县，共59个县（市、区），土地面积7.6万平方千米，普查人口3165万人。皖江城市带位于长江段两岸，与长三角地区地缘相连、经济联系紧密，具有较好的交通条件，区位优势明显。皖江城市带是促进中部地区崛起战略的支点，在承接产业转移方面具有重要的战略地位，皖江城市带承东启西、贯南连北，既是长三角产业发展共生圈的重要组成部分，又是长江经济带中发达地区进一步扩张延伸与带动发展的纽带。《规划》提出，将构建以长江一线的安庆、池州、铜陵、芜湖、马鞍山为发展轴，合肥、芜湖为双核中心，池州、宣城为两翼的"一轴双核两翼"的产业空间布局。在社会竞争日趋激烈的大背景下，要实现安徽省经济社会健康稳定发展，既要提高自身的经济实力，发挥本土产业的经济带动作用，又要努力接受长三角地区的辐射效应，不断完善和创新城市带发展路径，将城市带内部的优势资源与外来产业和资本有机结合，形成发展特色，从而加快皖江城市带承接产业转移进程，提升城市带对安徽经济的带动作用。

2017年皖江城市带的生产总值为18317.56亿元，占安徽省GDP的67.80%，增长率为11.89%，其中第一产业生产总值为1220.18亿元，占全省比重为47.25%；第二产业生产总值为9358.59亿元，占全省的比例为72.90%；第三产业生产总值为7738.83亿元，占全省比重为66.73%。2017年社会消费品零售总额达到6892.37亿元，占全省的61.58%，增长率为11.90%。进出口总额为472.42亿美元，占全省进出口总额的88.45%，增长率为22.72%。实际利用外商直接投资总额为111.59亿美元，占全省的70.20%，增长率为8.82%。2017年的财政收入总额为1720.44亿元，财政支出总额为3076.57亿元；2016年的财政收入总额1662.39亿元，财政支出总额为2789.76亿元。表4-2对比2016年与2017年皖江城市带各经济指标，发现2017年生产总值、产业生产总值、消费品零售总额等都有增加，其中进出口总额增幅较高。

表4-2 2016年与2017年皖江城市带各经济指标对比

	地区生产总值（亿元）	第一产业产值（亿元）	第二产业产值（亿元）	第三产业产值（亿元）	社会消费品零售总额（亿元）	实际利用外商直接投资（亿美元）	进出口总额（亿美元）	财政收入（亿元）	财政支出（亿元）
2016年	16371.42	1209.29	8428.38	6733.75	6159.39	102.55	386.58	1662.39	2789.76
占全省比重（%）	66.39	47.60	70.3	66.44	61.59	69.45	87.11	68.65	57.20
2017年	18317.56	1220.18	9358.59	7738.83	6892.37	111.59	472.42	1720.44	3076.57
占全省比重（%）	67.80	47.25	72.90	66.73	61.58	70.20	88.45	67.79	56.78

皖江城市带与长三角地理区域相邻，作为承接产业转移的国家示范区，它具有承接产业转移的内在优势，但由于城市带之内各城市间的发展条件、经济实力、资源禀赋和规模具有一定的差异，使得城市之间在承接产业转移的过程中具有一定的差异。安徽省经济发展的基准点在于第二产业的发展，第三产业的发展相对不足，由表4-2数据可知产业结构不断优化，第三产业比重逐渐增加，但增幅较小。随着经济的发展，社会保障制度的不断完善，皖江城市带在资金、政策、重大发展项目等方面得到国家的大力支持，将会发挥自身优势，大力推动城市化与工业化的进程，优化产业配置，进一步增强城市辐射力，提升皖江城市带整体的经济水平，加快城市一体化发展。

三、皖北城市群

皖北城市群位于安徽北部，东靠江苏，南接皖南，西连河南，北望山东，位于以上海为主的长三角城市群，主要的通道是欧亚大陆桥，是安徽省唯一的一个“一带一路”经过地区，皖北城市群包括蚌埠、淮南、亳州、阜阳、宿州、淮北及所辖的17个县（市），面积为3.92万平方千米，约占全省的28.1%。2008年出台的《关于加快皖北和沿淮部分市县发展的若干意见》，首次将皖北振兴纳入事关全省发展的大局层面。规划提出到2030年，皖北地区常住总人口为2860万人，城镇化水平为68%，城镇人口为1940万人。提出皖北地区要构建“两群、两区、三带”的城镇空间结构。其中，“两群”为蚌淮（南）城市组群、宿淮（北）城市组群，实现蚌埠—淮南，宿州—淮北联动均衡发展；“两区”为阜阳都市区、亳州都市区，以加快中心城市建设，构建协调发展的皖西北城镇空间格局；“三带”为合蚌淮（北）城镇带、沿淮城镇带、淮（南）阜亳城镇带，是皖北城镇化拓展的重要空间。2012 年底，皖北五市一县一区正式入围中原经济区，皖北城市群的发展优势得以体现。2016 年底《中原城市群规划》出台后，安徽省明确了被纳入规划的皖北五市的重点发展任务。

2017 年皖北城市群的地区生产总值为 7722.21 亿元，占全省的比重为 28.58%，相对于 2016 年增长率为 11.14%，其中第一产业 1169.08 亿元，占全省比重为 45.27%；第二产业 3328.39 亿元，占全省比重为 25.93%；第三产业 3227.74 亿元，占全省比重为 27.83%。2017 年社会销售品零售总额为 3588.11 亿元，占全省比重为 32.06%，增长率为 12.11%。地区进出口总额为 49.91 亿美元，占全省比重为 9.31%，增长率为 4.81%。实际利用外商直接投资为 43.01 亿美元，占全省比重为 27.06%，增长率为 6.70%。2017 年皖北城市群的财政收入为 655.22 亿元，财政支出为 1870.14 亿元；2016 年皖北城市群的财政收入为 606.59 亿元，财政支出为 1654.48 亿元。表 4-3 为 2016—2017 年皖北城市群各经济指标对比情况。对比 2016 年，2017 年皖北城市群进出口总额占比减少，各产业生产总值占比减少。

表 4-3　2016—2017 年皖北城市群各经济指标对比情况

	地区生产总值（亿元）	第一产业产值（亿元）	第二产业产值（亿元）	第三产业产值（亿元）	社会消费品零售总额（亿元）	实际利用外商直接投资（亿美元）	进出口总额（亿美元）	财政收入（亿元）	财政支出（亿元）
2016 年	6948.47	1148.66	2989.50	2810.30	3200.74	40.31	47.62	606.59	1654.48
占全省比重（%）	28.18	56.17	36.93	41.19	45.47	37.27	20.38	25.05	33.92
2017 年	7722.21	1169.08	3328.39	3227.74	3588.11	43.01	49.91	655.22	1870.14
占全省比重（%）	28.58	45.27	25.93	27.83	32.06	27.06	9.31	25.82	34.51

安徽省与河南省继续加强交界地区城市间的经济合作，2014 年皖北地区被纳入国家级经济区——中原经济区，这给皖北城市群的发展带来了巨大的机遇，继续支持亳州作为中原城市群的核心发展区，优先发展以带动其他城市的发展，将蚌埠打造成战略性新兴产业基地，提高皖江城市群内部城市的整体协同能力，建设区域性交通枢纽，加快要素流动，增强辐射带动能力。

第二节　三大城市群（圈）比较分析

一、综合发展实力对比

（一）合肥都市圈城市综合发展实力评价

合肥都市圈旨在推动圈内城市合力构建高水平、多功能的对外开放平台，提高合肥市对周边城市的辐射带动作用，以期形成协作共赢、共同发展的局面。合肥作为合肥都市圈的中心城市，是区域增长极，有利于通过城市的涓滴效应，带动周边城市的发展。合肥都市圈还包括淮南、六安、芜湖、马鞍山、安庆的桐城市以及滁州市，通过研究都市圈内城市的综合发展实力，能够更好地把握城市的发展情况，对于促进都市圈经济进步、更好地发挥区域中心城市的带动辐射作用具有重要的意义。下面将运用因子分析，对所选取的反映城市发展水平的 12 项指标（同上）进行分析，然后对合肥都市圈内城市的综合发展水平做出评价。

为了对合肥都市圈的综合发展实力进行全面的描述，按照数据全面性、代表性、系统性、综合性、可比性等原则，选取合肥市、淮南市、芜湖市、马鞍山市、滁州市、六安市 2017 年的数据，研究的原始数据来源于《安徽统计年鉴（2018）》（表 4－4）。

表 4－4　合肥都市圈综合发展水平的 12 项指标

指　标	合肥市	淮南市	芜湖市	马鞍山市	滁州市	六安市
X_1	7003.05	1060.18	2963.26	1710.09	1604.39	1168.05
X_2	73.75	63.46	65.05	67.89	51.89	45.41

（续表）

指　标	合肥市	淮南市	芜湖市	马鞍山市	滁州市	六安市
X_3	2728.51	573.45	930.86	529.45	574.39	604.81
X_4	6559039	1013169	3112297	1383556	1825104	1127855
X_5	35351973	10610258	15752181	10380556	11718191	13150542
X_6	17.97	16.46	24.82	19.92	41.22	25.09
X_7	13.97	13.85	13.26	14.98	13.88	14.88
X_8	97975	29953	18981	13611	46477	61770
X_9	8283.9	3215.7	2781.3	2177.6	4055.1	4920.2
X_{10}	33701.6	12579.9	7901.9	7291.7	17009.1	23531.9
X_{11}	142215	18436	36845	14176	13513	12503
X_{12}	11.26	9.38	10.12	9.16	8.98	8.78

1. 计算运行结果

对合肥都市圈6个地市的原始数据进行标准化处理，按照特征根大于1以及累计方差贡献率达到85%以上的原则，选取三个主成分，解释总方差见表4-5所列。

表4-5　解释总方差

成分	初始特征值			提取平方和载入		
	合计	方差的%	累积%	合计	方差的%	累积%
1	8.277	68.973	68.973	8.277	68.973	68.973
2	2.078	17.314	86.287	2.078	17.314	86.287
3	1.226	10.213	96.499	1.226	10.213	96.499
4	0.356	2.964	99.463			
5	0.064	0.537	100.000			
6	0.00	0.00	100.000			
7	0.00	0.00	100.000			
8	0.00	0.00	100.000			
9	(0.00)	(0.00)	100.000			
10	(0.00)	(0.00)	100.000			

（续表）

成分	初始特征值			提取平方和载入		
	合计	方差的%	累积%	合计	方差的%	累积%
11	(0.00)	(0.00)	100.000			
12	(0.00)	(0.00)	100.000			

以上的3个主成分的累积方差贡献率达到96.499%，超过85%，概括出了大部分信息，说明提取的因子有效，旋转成分矩阵见表4-6所列。

表4-6 旋转成分矩阵

	成分		
	1	2	3
X_1	0.978	−0.121	−0.053
X_2	0.576	−0.757	0.179
X_3	0.999	−0.025	0.014
X_4	0.970	−0.113	−0.148
X_5	0.997	0.032	−0.001
X_6	−0.328	0.490	−0.720
X_7	−0.253	0.434	0.794
X_8	0.806	0.579	0.034
X_9	0.888	0.448	0.027
X_{10}	0.778	0.608	0.087
X_{11}	0.997	−0.071	0.020
X_{12}	0.921	−0.369	−0.103

2. 公共因子解释

由旋转后的因子成分矩阵可知，公共因子F_1在X_1、X_3、X_4、X_5、X_{11}、X_{12}上的载荷值较大，X_1、X_3、X_4、X_5代表了城市经济的发展水平、城市的发展规模，X_{11}、X_{12}表征了人力资本与人力技术，因而F_1是表示经济发展水平及规模的公共因子，在这个因子上得分越高表明城市经济发展水平越高，规模越大，人力资本越强。F_2与X_8、X_{10}指标联系较强，X_8是公路营运汽车拥有量，X_{10}是货运总量，两个指标表征了交通的便捷程度以及客流量的水平，所以可以用F_2代表城市基础设施水平的公共因子。F_3与X_7指标的联系较为密切，X_7指标是人均公园绿地面积，所以F_3指标表征了生态环境质量，在此因子上的得分越高，说明城市的生态环境质量越好。

3. 综合发展实力评价

基于对公共因子的解释以及各个主因子的得分，可以计算出不同城市的综合得分，计算公式为：$F=69\%\times F_1+17\%\times F_2+10\%\times F_3$（系数为提取的平方和），合肥都市圈城市综合水平评价见表 4－7 所列。

表 4－7　合肥都市圈城市综合发展水平评价

城　市	F_1	F_2	F_3	F	排名
合肥市	2.01	0.11	0.21	1.43	1
芜湖市	－0.08	－0.11	1.03	0.03	2
六安市	－0.48	1.46	0.68	－0.18	3
马鞍山市	－0.42	－0.68	1.19	－0.29	4
滁州市	－0.47	0.86	－1.38	－0.32	5
淮南市	－0.44	－0.60	0.33	－0.37	6

在城市经济规模上得分最高的是合肥，说明合肥市作为区域中心城市，经济发展水平与规模都较高；得分为负说明经济发展水平还有待提高，人力资本不足，其中淮南市与滁州市要加快经济发展，芜湖作为合肥都市圈的重点城市，经济发展水平相较合肥来说有待提高。六安市在F_2上的得分最高，说明六安市的货运运输量相对其他城市较高，六安市的面积较大，人口与货物流动较大，马鞍山市与淮南市的得分较低，说明淮南市与马鞍山市的基础设施建设有待提高，以期增加客运与货运流量。芜湖市与马鞍山市在F_3指标上的得分较高，说明两市的生态环境质量较好。

通过将各城市在两个主因子上的得分进行加权求和可以得到综合得分，此项可以反映合肥都市圈内不同城市的综合发展实力，合肥市的综合得分排在第一位，合肥市作为区域中心城市，经济水平较高，发展规模较大，但基础设施方面还存在不足，城市间的辐射力与吸引力是通过交通等基础设施体系进行传播的。因此，加强合肥市的交通网络与基础设施建设能够增强合肥市的辐射带动水平，使得经济圈得以更好地发展。芜湖市与马鞍山市的评分较高，但相对于合肥市前两项的指标因子得分仍较低，应该积极发展经济，通过合芜马发展轴，加快芜湖市与马鞍山市的经济发展。滁州市在经济水平上面得分较低，说明滁州市的发展还有待提高，通过自身优势资源以及其他的有利条件进行发展，扩大招商投资规模，优化产业结构，提高经济发展水平。从六安市的得分可以看出，六安市基础设施建设水平相对较高，但经济发展规模和经济发展水平仍亟待提高，六安市应该充分利用资源优势，积极融入合肥经济圈的建设中，实现经济的长期发展。淮南市在基础设施建设以及经济发展的得分上均较低，淮南市应通过调整空间布局、优化产业结构来提高经济水平。合肥经济圈要充分发挥好合肥市的核心带动作用，通过加大发展轴的协同力度，加强城市间的协作与发展，实现经济健康持续增长。

（二）皖江城市带城市综合发展实力评价

皖江城市带是承接产业转移、促进中部地区协调发展的重点区域，也是安徽省经济发展的重要增长极，研究皖江城市带内各城市的综合发展水平，对城市自身的发展、区域协调与产业的分工具有重要的意义，有利于进一步把握城市间发展的现状以及存在的问题。下面将利用 SPSS 软件，运用因子分析，对所选取的反映城市发展水平的 12 项指标进行分析，然后对皖江城市带内城市的综合发展水平做出评价，合肥都市圈与皖北城市群的综合发展水平皆利用因子分析的方法。

由于城市综合发展水平是由多种因素相互作用形成的，单一或少数的指标难以反映综合发展水平的全貌，因此，按照数据全面性、代表性、系统性、综合性、可比性等原则，选取以下 12 项指标。X_1：地区生产总值（亿元）；X_2：人口城镇化率（%）；X_3：社会销售品零售总额（亿元）；X_4：地方财政收入（万元）；X_5：住户存款（万元）；X_6：人均城市道路面积（平方米）；X_7：人均公园绿地面积（平方米）；X_8：公路营运汽车拥有量（辆）；X_9：客运总量（万人）；X_{10}：货运总量（万吨)；X_{11}：普通高等学校毕业生数（人）；X_{12}：人均受教育年限（年）。

为了对皖江城市带城市的综合发展水平进行全面评价，由于2017年六安市的金安区和舒城县的原始指标和其他8市不具有可比性，将不在分析范围内。因此，研究将选取合肥市、滁州市、马鞍山市、芜湖市、宣城市、铜陵市、池州市以及安庆市8市为样本。研究原始指标数据来源于《安徽统计年鉴（2018）》。皖江城市带综合发展水平的12项指标见表4-8所列。

表4-8 皖江城市带综合发展水平的12项指标

指　标	合肥市	滁州市	马鞍山市	芜湖市	宣城市	铜陵市	池州市	安庆市
X_1	7003.05	1604.39	1710.09	2963.26	1185.56	1121.1	624.35	1708.83
X_2	73.35	51.89	67.89	65.05	53.69	55.79	53.67	48.57
X_3	2728.51	574.39	529.45	930.86	531.51	342.28	248.72	764.17
X_4	6559039	1825104	1383556	3112297	1429705	773441	651887	1210184
X_5	35351973	11718191	10380556	15752181	9072136	7141651	5960817	17569603
X_6	17.97	41.22	19.92	24.82	32.52	14.08	25.62	16.3
X_7	13.97	13.88	14.98	13.26	14.92	18.49	17.45	14.25
X_8	97975	46477	13611	18981	20868	8193	9287	33970
X_9	8283.9	4055.1	2177.6	2781.3	2764.9	1729.9	1339.5	4977.7
X_{10}	33701.6	17009.1	7291.7	7901.9	9469.6	3721.6	4053	14084.4
X_{11}	142215	13513	14176	36845	2342	10233	6556	13104
X_{12}	11.26	8.98	9.16	10.12	8.17	9.28	9.07	9.01

本次研究将使用因子分析法，它是从变量群中提取共性因子的统计技术，因子分析法可从许多变量中找出具有代表性的因子，将相同本质的变量归为一个因子，可减少变量的数目、简化评价指标，并保存大量的原始数据信息，具体步骤为：首先，计算变量间的协方差矩阵的特征值以及特征向量，然后得出主因子，对因子进行解释，计算因子得分。

1. 计算运行结果

通过皖江城市带8个地市的原始数据，运用SPSS软件进行因子分析，先对数据进行标准化处理，然后进行运算分析。按照特征根大于 1 以及累积方差贡献率达到 85%以上的原则，提取 2 个公共因子，见表 4-9 所列。

表 4-9 解释的总方差

成分	初始特征值			提取平方和载入		
	总计	方差的%	累加%	总计	方差的%	累加%
1	9.078	75.651	75.651	9.078	75.651	75.651
2	1.581	13.174	88.825	1.581	13.174	88.825
3	0.751	6.260	95.086			
4	0.445	3.705	98.791			
5	0.123	1.028	99.819			
6	0.018	0.148	99.967			
7	0.004	0.033	100.000			
8	0	0	100.000			
9	0	0	100.000			
10	0	0	100.000			
11	0	0	100.000			
12	0	0	100.000			

以上提取的 2 个主成分的累计贡献率达到 88.825%，大于 85%，说明提取的因子涵盖了大部分的数据，数据的旋转成分矩阵见表 4-10 所列。

表 4-10 数据的旋转成分矩阵

指标	成分	
	1	2
X_1	0.993	0.094
X_2	0.706	0.401
X_3	0.981	0.004
X_4	0.994	0.051
X_5	0.983	−0.011
X_6	−0.204	−0.855

（续表）

指　标	成　分	
	1	2
X_7	－0.538	0.615
X_8	0.930	－0.246
X_9	0.917	－0.225
X_{10}	0.926	－0.274
X_{11}	0.977	0.157
X_{12}	0.910	0.297

2. 公共因子解释

公共因子 F_1 表征了城市经济的发展水平，F_2 表征了城市空间布局的合理程度。由旋转后的因子载荷矩阵可以看出，公共因子 F_1 在 X_1、X_3、X_4、X_5、X_9、X_{10}、X_{11} 上的载荷值较大。其中地区生产总值、社会消费品零售总额、地方财政收入、住户存款反映了城市的经济发展水平、城市的国民收入水平；客运总量、货运总量反映了交通的便捷程度，城市间的各种流动要素通过交通得以实现，基础设施的完善表明城市规模较大，对周边城市的引力作用较强；F_1 与普通高等学校毕业生数联系程度较高，体现了人力资本较大。综上所述，F_1 是表征城市经济水平的公共因子，在这个因子上得分越高，城市经济发展水平越高，城市规模越大，人力资本越充足。公共因子 F_2 在人均城市道路面积上的载荷值较大，因为人均城市道路面积反映了城市的空间布局，从空间网络结构上反映了城市的发展程度，所以 F_2 是反映城市空间的公共因子，此因子得分越高，反映城市空间越大，布局越合理。

3. 综合发展水平评价

基于对各个公因子指标的解释，通过计算得出各个城市在因子上的得分以及综合得分与排名，对皖江城市带内各个城市的发展实力进行综合评价。F_1 得分最高的城市为合肥，其次是芜湖、安庆。就城市的发展规模与经济实力而言，合肥作为区域中心城市，发展水平较高，规模较大，所产生的人力资本也较高，因此就综合实力而言比芜湖、安庆等城市要强。F_1 的得分为负数的城市说明其经济实力较弱，其中池州和铜陵的经济发展规模较小，经济实力比其他城市弱，因此在第一个因子上的得分较低。马鞍山市和铜陵市在 F_2 因子上的得分最高，说明马鞍山市和铜陵市的城市空间布局最为合理，滁州市和宣城市的得分最低，说明更应该注重城市整体空间结构的优化布局。

将各个城市在两个因子上的得分进行加权求和，就可以得出城市的综合得分，计算变量为：$F=76\%\times F_1+13\%\times F_2$（系数为提取的平方和），依据综合得分评价城市的综合发展实力。表 4－11 是 2017 年皖江城市带八市综合发展水平的得分与排序。通过对因子得分分析可知，合肥市综合得分位列第一，经济发展水平居于首位，因此在发展过程中，合肥市应更好地发挥自身的辐射带动作用，在吸引外来地区优势资源的同时，通过溢出效应带动周边地区发展。在空间布局方面，应该要更加注重空间布局的科学性和合理性。芜湖市的因子得分均为正，说明芜湖市的发展较为均衡，但得分值均小于合肥。安庆市的因子得分为负，需要加强基础设施建设，提高经济发展水平，合理规划城市空间格局，充分利用优势资源，实现长期均衡发展。马鞍山市和铜陵市的经济发展水平不够高，经济规模不大，需要加快发展。滁州市在空间上的得分最低，可能是由于国土面积较大，应当充分利用自身的优势，承接产业转移。宣城市和池州市应该转变发展模式，提高城市综合发展水平。综合得分较低的城市在经济发展水平上的得分也较低，经济发展应该放在首位，以实现皖江城市带均衡协同发展。

表 4－11　2017 年皖江城市带八市综合发展水平的得分与排序

城　市	F_1	F_2	F	排名
合肥市	2.33	0.36	1.82	1
芜湖市	0.22	0.11	0.18	2
安庆市	－0.09	－0.32	－0.11	3
马鞍山市	－0.30	0.60	－0.15	4
滁州市	－0.14	－1.85	－0.35	5
铜陵市	－0.70	1.46	－0.36	6
宣城市	－0.50	－0.81	－0.49	7
池州市	－0.82	0.44	－0.57	8

（三）皖北城市群城市综合发展实力评价

皖北作为安徽省人口最多的地区，其发展在安徽省一直处于重要的地位，近些年，皖北城市群的发展一直处于平稳状态，研究皖北城市群内部城市间的综合发展实力有利于把握城市群内城市发展的现状，为皖北城市群更好地发展提供一定的政策引导。下面将针对皖北城市群选取12项指标（同上）作为评价城市综合发展实力的因素，运用SPSS软件对相关数据进行处理与运用，分析结果并对城市群内综合发展实力的综合发展实力做出评价。皖北城市群综合发展实力的12项指标见表4－12所列。

表4－12　皖北城市群综合发展实力的12项指标

指　标	淮北市	亳州市	宿州市	蚌埠市	阜阳市	淮南市
X_1	924.01	1149.79	1466.45	1550.66	1571.12	1060.18
X_2	63.61	39.77	41.56	55.31	41.75	63.46
X_3	353.13	550.7	533.68	725.13	852.02	573.45
X_4	605395	945506	1001243	1410675	1576195	1013169
X_5	7207705	11230712	12632504	9383006	21375866	10610258
X_6	17.32	34.76	31.51	20.7	25.14	16.46
X_7	16.7	14.14	13.58	13.21	13.13	13.85
X_8	33158	78264	54053	59431	115029	29953
X_9	1506.8	4034.3	3670.6	2342.7	6515.4	3215.7
X_{10}	14130.3	29757.6	25227	23558.8	48986.6	12579.9
X_{11}	10376	4144	6214	16365	9869	18436
X_{12}	9.65	8.3	8.67	9.85	8.42	9.38

研究选取淮北市、亳州市、淮南市、阜阳市、蚌埠市、宿州市2017年的数据，原始数据来源于《安徽统计年鉴（2018）》。本研究采用因子分析法对皖北城市群城市综合实力进行分析。

1．计算运行结果

通过皖江城市带6个地市的原始数据进行分析，按照特征根大于1的原则，选取两个主因子，选取的因子的累积方差贡献率为

87.897%，解释的总方差见表 4 - 13 所列。

表 4 - 13 解释的总方差

成分	初始特征值			提取平方和载入		
	合计	方差的%	累积%	合计	方差的%	累积%
1	7.661	63.841	63.841	7.661	63.841	63.841
2	2.887	24.056	87.897	2.887	24.056	87.897
3	0.866	7.221	95.118			
4	0.436	3.629	98.747			
5	0.150	1.253	100.000			
6	0.00	0.00	100.000			
7	0.00	0.00	100.000			
8	0.00	0.00	100.000			
9	(0.00)	(0.00)	100.000			
10	(0.00)	(0.00)	100.000			
11	(0.00)	(0.00)	100.000			
12	(0.00)	(0.00)	100.000			

由表 4 - 13 可知，以上提取的两个主因子的累计贡献率为 87.897%，超过 85%，已经概括出了大部分的数据，说明提取的因子较为合理，旋转成分矩阵见表 4 - 14 所列。

表 4 - 14 旋转成分矩阵

	成分	
	1	2
X_1	0.774	0.380
X_2	−0.854	0.466
X_3	0.775	0.618
X_4	0.807	0.577
X_5	0.898	0.122
X_6	0.611	−0.685
X_7	−0.741	−0.422
X_8	0.937	−0.030
X_9	0.921	−0.010

（续表）

	成分	
	1	2
X_{10}	0.951	−0.019
X_{11}	−0.389	0.897
X_{12}	−0.753	0.584

2. 公共因子解释

由旋转后的因子载荷矩阵可以看出，公共因子 F_1 在指标 X_8、X_9、X_{10} 上的载荷值较大，其中 X_8 是公路营运汽车拥有量，X_9 是客运总量，X_{10} 是货运总量。这三个指标代表了交通通达度，即资源流通水平，资源流通水平反映了城市间的辐射力与吸引力，因此，F_1 反映了交通通达度和资源流通水平，在这个因子上得分越高，说明城市的资源流通水平越好。公共因子 F_2 在 X_{11} 上的载荷值较高，X_{11} 是普通高等学校毕业学生数，表征了城市的人力资本，人力资本越丰富，则经济发展水平越高。因此，F_2 反映了城市发展的经济水平与人力资本，在此因子上得分越高，则城市的人力资本与经济发展水平越高。

3. 综合发展实力评价

基于对各个因子的解释，计算出因子的得分以及皖江城市群各个城市的综合得分，就可以对城市群内的城市进行综合实力评价，见表 4－15 所列。排名最高的三个城市是阜阳、蚌埠、宿州，其中阜阳的排名最高，阜阳市在 F_1 因子上的得分最高，说明阜阳市的基础设施建设较好，交通通达度较好，但在人力资本方面还存在不足，在这一方面需要进行加强，可以大量吸收外来优秀毕业生，提高人力资本。蚌埠市是交通枢纽，交通通达度较好，但在 F_1 因子上的得分较低可能是由于资源流通水平较差，蚌埠市需要加强与其他各地市的资源流通，提高自己的辐射带动力。宿州市的经济发展水平与人力资本相对不足，宿州市需要优化调整产业配置，实现经济常稳均衡发展，提供政策优惠，吸收外来优质人员，提高劳动力的就业水平以及素质水平，实现人力资本的转型升级。亳州市在 F_2 上的得分最低，说明亳州市的经济发展水平与人力资本不足，亳州市应该积极发展中药材产业，实现中药材产业的转型升级，以此形成亳州市的特色产业链，实现亳州市经济的持续发展。教育方面应加大投资力度，吸引外来优质人员，对普通劳动力进行培训，培养高素质的劳动力以提高人力资本水平。淮南市与淮北市要加快基础设施建设，提高交通通达度；对产业结构进行优化调整，实现经济的均衡增长。

表 4－15 皖北城市群城市综合发展实力评价

城　市	F_1	F_2	F	排名
阜阳市	1.53	0.47	1.09	1
蚌埠市	－0.10	1.27	0.24	2
宿州市	0.29	－0.72	0.01	3
亳州市	0.38	－1.32	－0.07	4
淮南市	－0.73	0.80	－0.28	5
淮北市	－1.38	－0.50	－1.00	6

从表 4－15 可知，综合因子得分低的城市在经济发展水平与人力资本方面的得分也较低，因此在城市发展战略上应以经济发展为主，这样才能解决好城市之间的发展问题，为皖北城市群的发展奠定基础。

二、产业结构对比

由于三大城市群（圈）所包含的城市不同，地理位置、资源禀赋也有差别，在经济发展水平、自身实力上也有一定的差距，因此，安徽省三大城市群（圈）的产业结构也存在着一定的差别，2017 年安徽省三大城市群（圈）产业结构比较见表 4－16 所列。

表 4－16 2017 年安徽省三大城市群（圈）产业结构比较

城市群	第一产业产值（亿元）	第二产业产值（亿元）	第三产业产值（亿元）	产业结构比重
皖江城市带	1220.18	9358.59	7738.83	7：51：42
合肥都市圈	1054.59	7998.87	6728.51	7：50：43
皖北城市群	1169.08	3328.39	3227.74	15：43：42

由表 4－16 可知，各城市群（圈）内产业结构以第二产业为主，第三产业次之，第一产业占比最小。第三产业包括现代服务业、物流产业、交通运输业、文化产业。各城市群应优化产业结构配置，增加第三产业比重。目前，安徽省三大城市群（圈）均以第二产业为主，应该积极探索新的发展模式，提高第三产业的比重，实现产业结构优化升级。其中皖北城市群的第一产业所占比重较高，为实现结构优化调整，皖北城市群应该积极融入中原城市群。由三大城市群（圈）的产业生产总值可知，皖江城市带的生产总值最高，经济发展水平最好，而皖北城市群的生产总值较低，有待于进一步发展。综上所述，三大城市群（圈）第三产业发展均不足，积极发展新兴产业，在实现生产总值均衡增长的过程中，优化调整三次产业结构的比重，实现产业结构的转型升级。

三、经济联系对比

（一）经济实力对比

由于不同城市群的城市不同，对应的经济实力、发展水平也不同，造成了不同城市的发展前景与经济实力的不同，表 4－17 显示了 2017 年安徽省三大城市群（圈）经济实力对比。

表 4－17　2017 年安徽省三大城市群（圈）经济实力对比

城市群	生产总值（亿元）	产业结构比重	实际利用外商直接投资（亿美元）	社会消费品零售总额（亿元）	进出口总额（亿美元）
皖江城市带	18317.56	7∶51∶42	111.59	6892.37	474.42
合肥都市圈	15781.99	7∶50∶43	98.84	6037.91	389.34
皖北城市群	6151.09	15∶43∶42	43.01	3588.11	49.91

在地区生产总值方面，2017 年皖江城市带生产总值为 18317.56 亿元，合肥都市圈生产总值为 15781.99 亿元，皖北城市群生产总值为 6151.09 亿元，占全省比重分别为 67.80％、58.41％、28.58％。皖江

城市带地区生产总值最高，经济实力最强；皖北城市群最低，皖北城市群应当大力提高经济实力，优化产业布局；合肥都市圈面积相对较小，与皖江城市带相比经济总量较低。

在实际利用外商直接投资方面，2017 年皖江城市带实际利用外商直接投资为 111.59 亿美元，合肥都市圈实际利用外商直接投资为 98.84 亿美元，皖北城市群实际利用外商直接投资为 43.01 亿美元。皖北城市群利用外商直接投资较少，资金动力较弱，发展动力不强，政府应积极营造良好的投资环境，加强对外资的吸纳能力。

在社会消费品零售总额方面，2017 年皖江城市带的销售总额为 6892.37 亿元，合肥都市圈的销售总额为 6037.91 亿元，皖北城市群的销售总额为 3588.11 亿元。消费能够带动地区经济的发展，皖江城市带的消费总量较大，经济发展的动力与基础较强。皖北城市群消费总量较低，皖北作为安徽省人口的集中地区，人口较多，但消费水平也较低，应该调整消费结构，提升地区的消费水平。

在进出口总额方面，2017 年皖江城市带的进出口总额为 474.42 亿美元，合肥都市圈的进出口总额为 389.34 亿美元，皖北城市群的进出口总额为 49.91 亿美元。皖江城市带与合肥都市圈的进出口规模较大，皖北城市群的进出口规模较小，经济外向型程度较低，开放性水平不高，经济实力相对较弱。

由表 4－17 可知，皖江城市带的发展水平与经济实力最高，其中一部分原因来自所包含的城市的经济发展水平较高，如合肥、芜湖等城市，但经济辐射带动作用相对有限，需要增强区域内城市之间的协同力与分工能力，增强城市辐射带动作用。皖北城市群的经济实力与发展水平最弱，且第一产业所占比重较高，以农业为主，劳动力资源丰富，农业资源具有优势，但劳动力素质较低，受教育水平有待提高。发展较快的城市群应该发挥联动作用，带动周边地区发展，政府给予发展动力不足的城市政策扶持，通过城市群间的相互作用实现区域经济的长期稳定增长。

(二)经济联系强度对比

经济联系强度能够反映城市间经济的联系状态,通过对三大城市群(圈)城市间的经济联系强度进行计算,能够看出城市群内部城市间的经济联系强度,并通过经济联系强度来进行三大城市群(圈)间的对比。

经济联系强度可以通过引力模型进行测度,传统的引力模型可以表示为:

$$F_{ij}=K\frac{\sqrt{P_iG_i}\times\sqrt{P_jG_j}}{D_{ij}} \tag{4-1}$$

式中:K 为引力常数设为 1,F_{ij} 为 i、j 城市间的经济联系强度值,P_i、P_j 表示人口数,G_i、G_j 表示地区生产总值,D_{ij} 表示两地之间的空间欧氏距离。

在皖江城市带的相关性指标进行收集的过程中,因六安市的金安区与舒城县在整体中的经济联系强度影响较小,因此剔除六安市的金安区与舒城县,研究对象为合肥、芜湖、马鞍山、铜陵、安庆、池州、滁州与宣城。皖江城市带的经济联系强度分布见表 4-18 所列。由该表可知,邻近地区间的经济联系强度值较大,经济联系强度值存在着一定的空间距离衰减特征,其中合肥市作为区域中心城市,与邻近城市的经济联系强度较大,与相距较远的城市联系强度较小。芜湖与马鞍山之间的经济联系强度最强,一部分原因是空间位置的邻近性。总体来看,皖江城市带城市间的经济联系强度与空间位置有着极强的联系,空间相互毗邻的城市间经济联系强度较大。

表 4-18 皖江城市带经济联系强度分布表

城 市	经济联系强度值	城 市	经济联系强度值
合肥—芜湖	158.4464146	马鞍山—安庆	15.94618558
合肥—马鞍山	99.3888722	马鞍山—池州	8.674282694
合肥—铜陵	81.57186529	马鞍山—滁州	110.6954541

（续表）

城　市	经济联系强度值	城　市	经济联系强度值
合肥—安庆	100.05822	马鞍山—宣城	49.02724175
合肥—池州	40.83647956	铜陵—安庆	50.33437765
合肥—滁州	144.4214553	铜陵—池州	62.82014345
合肥—宣城	43.12748665	铜陵—滁州	14.69354367
芜湖—马鞍山	523.93872	铜陵—宣城	29.58569063
芜湖—铜陵	84.57566105	安庆—池州	131.1476247
芜湖—安庆	58.18101644	安庆—滁州	13.89315078
芜湖—池州	23.27535884	安庆—宣城	17.23813767
芜湖—滁州	61.64402275	池州—滁州	6.592060582
芜湖—宣城	183.7992635	池州—宣城	10.83799366
马鞍山—铜陵	24.82925568	滁州—宣城	19.90146233

在分析合肥都市圈的经济联系强度时，由于桐城市的经济联系强度在合肥都市圈的影响较小，因此剔除桐城市，研究对象为合肥、六安、淮南、滁州、芜湖、马鞍山。合肥都市圈的经济联系强度分布见表 4 - 19 所列。由该表可以看出，合肥都市圈的经济联系强度呈现以合肥为核心的轴-辐分布特征，合肥处于区域中心位置，在合肥都市圈的领导力与核心作用较强，辐射作用显著。都市圈外围城市之间的经济联系强度较小，外围城市之间的联系有待增强，通过增加外围城市之间的经济联系来增强网络整体的经济联系强度。合肥与邻近城市的经济联系强度处于较高的水平，网络结构大致形成了以合肥为中心的放射状结构，其中芜湖与马鞍山之间的经济联系强度最高。一方面由于芜湖与马鞍山空间位置相互毗邻；另一方面由于芜湖与马鞍山之间的经济联系较为密切，经济联系强度较高。增强合肥都市圈外围城市之间的经济联系强度能够提高整个网络的经济联系水平，推动合肥都

市圈整体经济协调均衡增长。

表 4-19　合肥都市圈经济联系强度分布表

城　市	经济联系强度值
淮北—亳州	37.40566343
淮北—宿州	284.6814124
淮北—蚌埠	20.32355197
淮北—阜阳	22.17273929
淮北—淮南	12.66278534
亳州—宿州	55.87477446
亳州—蚌埠	16.9899567
亳州—阜阳	76.63967033
亳州—淮南	14.89404542
宿州—蚌埠	84.72083773
宿州—阜阳	53.38492962
宿州—淮南	42.53705014
蚌埠—阜阳	37.96516628
蚌埠—淮南	190.9579895
阜阳—淮南	50.68798928

皖北城市群的经济联系强度研究对象为阜阳、蚌埠、淮南、淮北、亳州、宿州。皖北城市群经济联系强度分布见表 4-20 所列。由该表可知，皖北城市群的空间联系较为密切，周边空间毗邻城市的经济联系强度较大。其中，淮北与宿州以及蚌埠与淮南之间的经济联系强度较强，相邻地区的经济联系强度要高于距离较远的城市间的经济联系强度。亳州与蚌埠以及亳州与淮南之间的经济联系强度较弱，虽然处于空间相互邻近的状态，但亳州与蚌埠以及亳州与淮南间的交通路径不够发达，以交通干线为骨架的经济交流较弱，可以通过建立跨区域的立体交通走廊，实现两地之间经济联系的密切交流。从整体来看，皖北城市群之间的联系较为密切，呈现多中心分布的特征，但相对于前两个城市群，皖北城市群的经济联系强度值相对较小，经济联系强

度水平有待提高。这可以通过加强临近城市间的交通建设以及经济文化的交流来加大经济联系强度。

表4－20 皖北城市群经济联系强度分布表

城　市	经济联系强度值
合肥—芜湖	158.4464146
合肥—马鞍山	99.3888722
合肥—滁州	144.4214553
合肥—六安	379.1125678
合肥—淮南	174.9460189
芜湖—马鞍山	523.93872
芜湖—滁州	61.64402275
芜湖—六安	22.9966261
芜湖—淮南	16.51344897
马鞍山—滁州	110.6954541
马鞍山—六安	13.56427446
马鞍山—淮南	12.23091046
滁州—六安	18.98386834
滁州—淮南	28.30529414
六安—淮南	38.11012385

从表4－20可以看出，皖北城市群与合肥都市圈的经济联系强度较强，城市间的经济联系较强，皖北城市群城市的经济联系强度较弱，经济联系有待进一步提高，通过加强区域中心性城市的引力带动作用来推动城市群间的经济联系强度，推动整体经济的持续稳定增长。

四、经济密度对比

在经济的发展过程中，最常出现的问题之一是地区之间发展的不平衡，要实现一个地区长期稳定发展，区域内不同城市间的相互协作与均衡发展尤为重要。由于自身资源禀赋、政策倾斜等差异，安徽省内不同城市群内部城市发展不平衡，本节选取城市的经济密度来衡量各地经济发展水平，通过对比分析观察三大城市群（圈）经济发展水平差异。经济密度指的是单位面积土地上的经济效益水平，即土地利用的密集程度及使用效率情况。下面计算比较2011—2017年安徽省三大城市群（圈）不同城市的经济密度以及不同城市经济密度随时间的变动情况，以此来了解城市群经济密度的差异。

（一）数据来源与计算方法

笔者在计算城市密度的时候，剔除了各个县的地区生产总值和面积的数据。为了保证数据的准确性，选取2011—2017年安徽省三大城市群（圈）的地区生产总值与面积作为数据，经济密度为地区生产总值除以土地面积，单位为亿元/平方千米，原始数据来源于《安徽省统计年鉴（2018）》。表4-21列举了2011—2017年安徽省三大城市群（圈）的经济密度，其中*标记为皖江城市带城市，#标记为合肥都市圈城市，由于2011—2016年合肥都市圈并未包括芜湖与马鞍山，所以经济密度数据不包括芜湖与马鞍山，2017年平均经济密度数据中包括芜湖与马鞍山。其余为皖北城市群城市，平均经济密度为该城市群市区的经济密度（其中的地区生产总值与土地面积剔除了各个县）。

表4-21 2011—2017年安徽省三大城市群（圈）经济密度

年份	2011	2012	2013	2014	2015	2016	2017
合肥*	2.62	2.96	3.31	3.69	3.67	4.07	3.49
芜湖*	0.94	1.05	1.19	1.33	1.15	1.26	1.21
马鞍山*	1.63	1.21	1.22	1.21	1.23	1.35	1.48
铜陵*	1.78	1.9	2.08	2.17	0.60	0.63	0.73
安庆*	0.43	0.46	0.49	0.54	0.46	0.17	0.68
池州*	0.09	0.1	0.11	0.12	0.13	0.14	0.14
滁州*	0.15	0.17	0.2	0.24	0.26	0.28	0.31
宣城*	0.07	0.08	0.09	0.1	0.11	0.12	0.13

（续表）

年份	2011	2012	2013	2014	2015	2016	2017
皖江城市带平均经济密度	0.55	0.61	0.68	0.7	0.72	1.05	1.02
合肥#	2.62	2.96	3.31	3.69	3.67	4.07	3.49
淮南#	0.3	0.33	0.35	0.33	0.32	0.34	0.36
六安#	0.07	0.08	0.09	0.1	0.11	0.12	0.12
滁州#	0.15	0.17	0.2	0.24	0.26	0.28	0.31
合肥都市圈平均经济密度	0.46	0.51	0.57	0.62	0.64	1.24	1.16
淮北	0.54	0.59	0.68	0.73	0.65	0.68	0.83
亳州	0.1	0.11	0.13	0.16	0.15	0.17	0.17
宿州	0.12	0.14	0.16	0.18	0.18	0.19	0.21
蚌埠	0.64	0.73	0.9	1.06	0.85	0.94	0.87
阜阳	0.19	0.22	0.24	0.3	0.24	0.27	0.27
淮南	0.3	0.33	0.35	0.33	0.32	0.34	0.36
皖北城市群平均经济密度	0.23	0.26	0.29	0.32	0.30	0.56	0.45

（二）结果分析

2017 年皖江城市带的平均经济密度为 1.02 亿元/平方千米，其中合肥、芜湖、马鞍山的经济密度均高于平均水平，经济发展水平较高，经济实力较好，属于皖江城市带中经济密度较高的城市。这三个城市的地区生产总值较高，提高了平均经济密度，使得整体水平上皖江城市带的经济密度较高。剩下几个城市的经济密度均低于平均经济密度，属于皖江城市带中低密度的城市，五市的经济发展水平不高，经济实力不强。皖江城市带中，城市经济发展的不平衡比较明显，合肥等城市的经济发展过快，导致经济发展的不平衡加剧，应该协调综合发展，要充分发挥好中心城市的辐射带动作用，促进经济整体平稳发展。整体来看，2011—2017 年皖江城市带整体的经济水平在逐步提高，经济实力在逐步增强。

2017年合肥都市圈的平均经济密度为1.16亿元/平方千米，其中合肥、芜湖与马鞍山高于合肥都市圈平均经济密度水平，淮南、六安、滁州的经济密度水平低于合肥都市圈平均经济密度水平。合肥作为合肥都市圈的核心城市，经济发展水平较高，享受到的政策扶持与外资较多，发展较快，所以经济密度较高。芜湖与马鞍山作为重点中心城市，经济发展也较好。淮南、六安、滁州的经济实力较低，经济密度比较小，但从2011年开始一直保持平稳增长态势。合肥作为区域中心城市，应该发挥辐射带动作用，带动周边城市经济增长，其他市的经济增长较缓慢，表明合肥市的辐射带动作用有待提高，通过与其他市的经济联系提高自己的辐射带动作用。整体来看，2011—2016年合肥都市圈的经济密度实现持续平稳增长，2017年较2016年的增长速度下降，一方面由于合肥都市圈的范围有所调整，增加了马鞍山与芜湖；另一方面城市化水平的提高使得城区所占的地区生产总值的比重下降。

2017年皖北城市群平均经济密度为0.45亿元/平方千米，其中淮北、蚌埠的经济密度超过平均水平，属于城市群内高密度城市；亳州、宿州、阜阳与淮南的经济密度均低于平均水平，城市之间的经济发展水平差距较大，经济发展不平衡。2011—2017年皖北城市群经济实现平稳增长，经济密度呈现稳定增长的局面，皖北城市群应该利用好自己的优势资源实现经济平稳持续的增长。

综合表4-21及以上城市群的分析，2011—2016年安徽省三大城市群（圈）经济密度实现平稳增长，到2017年稍有下降。皖江城市带的发展较好，应该继续发挥合肥、芜湖等中心城市的带动作用，增强对其他城市的辐射带动力，使得整个城市群实现平稳增长；合肥都市圈中的城市经济发展水平差距较大，经济密度差距悬殊，整体上处于三个城市群的中间位置，合肥作为区域中心城市，自身的辐射带动作用较弱，应该增强自身的辐射带动作用，在自身发展的同时带动周围地区的经济发展，缩小城市群内城市间的经济发展水平；皖北城市群的经济密度最低，整体的发展实力最弱，需要利用自身优势，提高经济效益，积极融入中原城市群建设，抓住发展机遇，提高经济实力。

第三节 本章小结

本章对安徽省城市群——合肥都市圈、皖江城市带、皖北城市群的整体概况进行了分析，从综合发展实力、经济联系强度及经济密度等方面对三大城市群（圈）进行了对比分析。

安徽省城市群发展整体呈现稳定增长态势，通过本章的研究可以得出如下结论：(1) 安徽经济增长态势较好，皖江城市带、合肥都市圈与皖北城市群的经济保持稳步增长状态，其中皖北城市群的经济总量较小，三大城市群（圈）在经济增长的同时要注重产业结构升级，加快需求消费的转型升级以及外资的引入与进出口的拉动作用。(2) 通过三大城市群（圈）经济指标以及经济密度的比较可知，城市群内城市的发展不均衡，城市间存在较大的发展差距，合肥、芜湖等市的经济发展较好，经济实力较强，但作为区域中心城市，自身的辐射带动作用还较弱，对周边城市的发展带动作用较小。皖北城市群中城市的发展缓慢，经济较为落后，区域中心城市的辐射作用较弱。(3) 安徽的发展具有区位优势、劳动力优势、资本优势，但资金利用效率、产业转型升级方面仍面临诸多挑战，利用外资方面的渠道还不够通畅。根据本节所做分析，笔者现就安徽省城市群发展提供以下政策建议：

一、提高城市群协同力度，推动城市群协调发展

城市群是区域经济发展的主要载体，当前安徽省三大城市群（圈）之间的经济发展存在着一定的差距，经济发展不平衡在城市群内城市间以及不同城市群间普遍存在，经济发展的不平衡在一定程度上制约了安徽省经济社会的长期向好发展，因此，安徽省应当科学规划城市群发展策略，推动城市群整体协调发展。城市群依据自身经济基础与区位条件，打造现代化城市空间布局体系，加强城市群之间的经济交流与文化沟通，加强三大城市群（圈）的多方面联系。加快发展合肥、芜湖、蚌埠等区域中心城市，扩大城市的规模效益、集聚效益，利用

合肥等中心城市的辐射带动作用，带动周边城市的发展，实施资源共享、经济协同发展，通过城市间的协同发展，实现城市群的均衡发展。优化空间布局，做好规划调整，协调好三大城市群（圈）间以及三大城市群（圈）内部各城市的利益关系。皖江城市带要继续加快“一轴双核两翼”的发展，协调好各城市之间的分工合作，发挥合肥、芜湖的核心带动作用。合肥都市圈内城市间经济总量、产业结构、进出口总额、实际利用外资方面均存在着较大差距，淮南、六安与滁州要积极利用外资发展本地经济。皖北城市群要加强阜阳、蚌埠、淮北等城市的发展，同时，积极对接中原城市群建设，利用中原城市群的发展优势带动皖北城市群发展。

二、优化升级产业结构，推进产业转型与产业链对接

安徽省三大城市群（圈）的产业结构中仍以第二产业为主，第二产业所占的比重较高，产业转移是实现产业升级的关键，以承接产业转移为突破口，培养特色产业与支柱产业，积极推动产业结构转型升级。开展创新培训，以创新为产业转型升级注入活力。皖北城市群中的第一产业的比重较高，经济发展以农业为主，在经济发展水平上与其他城市群存在较大差距。皖江城市带应该充分发挥好承接产业转移的职能，充分利用国家的发展规划，结合自身的区位优势，发挥资源型城市的作用，打造优势的产业基地，使得产业得以转移对接，构建与长江经济带优势互补、互利共赢的产业体系，积极地推动产业的转型与升级。合肥都市圈必须积极发挥合肥产业的辐射带动作用，带动周边城市经济的发展。皖北城市群资源丰富，区位优势突出，要利用好资源优势，发展二、三产业。安徽省应该以创新驱动调整产业转型的步伐，坚持先进制造业与服务业协同发展，发展战略性新兴产业，改造提升传统产业，打造优势产业集群，加快形成以创新型产业为主导、生产型服务业为支撑的高密度产业群，推动经济长期健康发展。

三、搭建合作平台，完善合作机制

机制创新是推动安徽省三大城市群（圈）经济发展的关键，要实

现经济持续高质量发展，安徽省要加强城市间的分工合作，充分发挥市场在资源配置中处于决定性作用的地位，充分实现要素资源的高效自由流动。要建立完善的合作机制，推动政策改革，将单方面倾向性政策转变为整体均衡联动性政策，积极开展制度创新，对区域格局进行动态优化调整，推进开放发展水平，优化开放经济环境和制度环境。有利的开放环境能够在一定程度上提高实际利用外资规模，联动合作方面可以参照上海的自贸区发展模式，实现城市之间的联动发展，着力构建有效的对外开放新格局。产业园区之间也可以构建合作机制，将地理位置相近、产业互补的产业园区进行融合，或探索共同管理的合作模式，提高产业创新水平与发展效率，产业园区之间建立互利共赢的利益分享机制。跨省之间的合作发展，要建立跨省发展的实验区，努力促进交通基础设施一体化、产业衔接一体化建设，与发达城市的沟通合作，积极融入，积累经验，动态优化，进而形成具有区域特色的联动合作机制，提高产业的创新水平，实现产业的转型对接。

四、构建一体化交通走廊，完善基础设施建设

安徽省区位条件明显，是国家交通运输网络的重要枢纽，要加快构建内外通畅、布局合理、绿色高效的综合交通运输体系。安徽省三大城市群（圈）中，合肥的基础设施建设与交通网络建设相对完善，铁路方面，加强以合肥为中心的交通网络建设，构建合肥—安庆—九江铁路、宁合汉铁路干线、亳州—蚌埠城际铁路、淮北—宿州—阜阳等城际铁路。公路方面，完善省干线公路网和农村干线公路网，重点推进巢湖—马鞍山、合肥—蚌埠—淮北—宿州、阜阳—淮北—徐州等高速公路的建立。积极推进合肥成为全国性交通运输枢纽，加强安庆、芜湖、铜陵、马鞍山、蚌埠、阜阳等区域交通枢纽功能，构建立体化交通走廊，加强交通对城市群发展的支撑带动作用。加大基础设施建设力度，尤其是信息网络的构建，完善区域一体化网络布局。教育方面，要加快教育发展，提高劳动者素质以及人均受教育年限，加强高等教育的跨区域发展。

第五章　总结及政策建议

一、研究结论

当前，我国进入高质量发展新阶段，城市作为经济发展的基本单元，其健康发展对国家和地区尤为重要。2017 年，面对复杂多变的国际环境和国内繁重艰巨的改革发展稳定任务，安徽省各城市在省委省政府的领导下，攻坚克难，开拓进取，实现了经济平稳健康发展和社会和谐进步，美好安徽建设迈出了坚实步伐。报告结果显示，安徽省城市的经济社会发展保持着稳中有进、稳中向好的良好态势，呈现出巨大的发展潜力，主要经济指标增幅在全国处于领先地位，三次产业生产总值、地方财政收支、投资贸易、社会消费品总额和金融机构存贷款都有明显增长。2017 年安徽省大部分主要经济指标的增幅都在一个合理、较快的区间，增幅在中部主要城市中排名靠前，但仍处于长三角城市落后位置。城镇化发展稳步推进，随着城镇化进程的快速推进，安徽省城镇化的空间布局逐渐呈现有疏有密的“集聚型城镇空间，开敞型生态空间”以及大小中心城市和特色小城镇的格局，城市群整体也呈现出稳定增长的态势，具体研究结论包括：

（一）城市经济规模稳步提升，结构不断优化

2017 年安徽省城市综合经济实力与 2016 年相比显著提升。2017 年，安徽省国内生产总值增长率为 8.5%。除个别城市外，安徽省城市三次产业生产总值、地方财政收支、投资贸易、社会消费品总额和金融机构存贷款都有明显增长。2017 年全省城市项目建设均有所改善，城市基础设施不断完善，省内经济活力显著增强。三次产业结构不断优化，产业结构日渐合理，三次产业结构中第一产业和第二产业占比稍有下降，第三产业占比显著提升。2017 年安徽省第三产业增加

值 11420.4 亿元，相对于 2016 年增长率为 16.44%。安徽省三大产业均有增幅，经济发展运行稳中有进。合肥市的第三产业生产总值达到 3297.63 亿元，占据了全省的 28.43%，最低的是池州市，三产总值为 284.12 亿元。在增长率方面，增长最快的城市是淮北市，达到 17.25%，其次是合肥市 16.81%，除池州市增长率为 9.26%外，其他几个城市的增长率也都在 10%以上。总体来看，安徽省各城市第三产业增长率较高，但是差距较大，合肥市第三产业比重最高，说明安徽省第三产业发展地区之间很不平衡，虽然对经济的贡献越来越大，但是在一些地区的发展能力相对不足。

社会消费品零售额增长快速，对经济增长贡献大。2017 年安徽省全省社会消费品零售总额 11192.6 亿元，相比 2016 年增长率达到 11.92%。2017 年全省 16 个城市的增长率都在 11%以上，全省社会消费品零售总额对经济增长的贡献率达到了 41.12%，表明各地市的消费对于经济发展起到了重要拉动作用。此外，安徽省各城市固定资产投资增长率均处于上升水平，但总额增速放缓，对经济增长贡献的地区差异较大。2017 年安徽省进出口总额为 5363607 万美元，同比增长了 20.86%，对外贸易总体上升，但省内差异较小，进出口总额最高的城市是合肥市，为 2495869 万美元，占全省比重为 46.53%，其次是芜湖市为 637683 万美元。进出口总额增长率最高的城市是六安市，达到 36.4%，合肥市为 33.6%，淮北市、阜阳市和安庆市的进出口总额是下降的，其中安庆市下降幅度最大，为−20.8%，其次是阜阳市为−1.2%，淮北市为−0.8%。

（二）创新驱动发展成效凸显，经济发展潜在动力不断提升

随着经济更加重视发展质量，安徽省创新能力不断提升，2017 年各地市省级以上开发区共实现销售收入 408010464 万元，其中，合肥市实现了销售收入 139809706 万元，占全省比例为 34.27%；芜湖市实现销售收入达 59535207 万元；蚌埠市、阜阳市、安庆市、滁州市和铜陵市的销售收入也都达到了 20000000 万元以上。全省工业生产总值（当年价格）达到了 283853449 万元，合肥市达到了 87834817 万元，芜湖市达到了 44479399 万元。各地市省级以上开发区的出口总额为

2115652 万美元，进口总额为 1337213 万美元。合肥市和芜湖市的进出口总额分别占一、二位。在税收总额方面，2017 年全省各地市省级以上开发区实现税收总额 12049495 万元，其中合肥市的税收总额最高为 5011546 万元，占比 41.59%。在固定投资总额方面，各地市省级以上开发区在 2017 年共实现投资 104869499 万元，合肥市实现投资 31337337 万元，芜湖市实现投资 16843050 万元，分别占比 29.88%和 16.06%。在实际利用外商直接投资方面，共实现实际直接利用外商投资 950023 万美元，其中最高的是芜湖市，为 217549 万美元，其次是合肥市，为 192545 万美元。总体来看，从全省各地市省级以上的开发区的主要经济指标来看，合肥市和芜湖市的经济指标高于其他城市，合肥市和芜湖市的创新带动经济发展的动力也较为充足。创新能力提升，省内各城市创新能力差距相对较大。教育资源相对集中，全省 2017 年共有普通高等学校 109 所，高等学校毕业生数为 322786 人，招生人数 332635 人，在校学生数 1147401 人。合肥市有普通高等学校 50 所，约占全省的一半，其他各地市则只有几所高等学校，综合来说，合肥市和芜湖市的人才资源要优于其他 14 个城市。其中，省会城市合肥的人才优势领先于其他城市。

（三）省会城市虹吸效应显著，城市间发展差距较大

2017 年，我省 16 个地市综合竞争力排名中，合肥稳居第一，芜湖、马鞍山、铜陵、滁州次之。其中合肥市在可持续发展能力、城市创新能力、城乡融合发展等方面均排名第一。2017 年安徽省城市产业竞争力排名前五的城市分别为滁州市、芜湖市、合肥市、铜陵市、淮北市；宣城市、安庆市、黄山市等城市排名相对靠后。在可持续发展能力方面，合肥、芜湖和马鞍山排名前三，宿州、宣城和池州相对落后。安徽省城市创新能力 2017 年排名前五的城市分别为合肥、芜湖、滁州、阜阳和马鞍山，亳州、池州、黄山等城市排名相对靠后。在城乡融合发展方面，排名前五的城市分别为合肥、马鞍山、芜湖、亳州和蚌埠，而淮南、池州、黄山等城市在这方面的发展较为落后。2017 年安徽省城市生态环境质量排名前五的城市分别为铜陵、马鞍山、淮北、淮南和池州，而亳州、芜湖等城市在生

态环境质量方面排名靠后。

（四）城镇化进程显著加快，空间布局逐步完善

随着城镇化进程的快速推进，安徽省城镇化的空间布局逐渐呈现有疏有密的“集聚型城镇空间，开敞型生态空间”以及大小中心城市和特色小城镇的格局。通过加快合肥、芜马两大经济圈的建设，培育阜阳、蚌埠、黄山、安庆四大增长极，推进滁州、亳州都市区的建设，加快推进沿江、淮合芜宣城市带的发展，形成“两圈两带一群”，进一步凸显城市规模经济，全面实现对接长三角的东向发展的城镇化空间格局。中心城市的建设不断加快，以合肥为首的区域性中心城市，影响力较大，以中心城市为主导引导周边城市的发展，加快特色小镇的建设规划，形成层次鲜明、结构合理的安徽城镇化体系。

（五）城市群间差距较大，城市群内部发展不均衡

安徽省的城市群整体呈现稳定增长的态势，皖北城市带、合肥都市圈与皖北城市群的经济保持稳步增长状态，其中皖北城市群的经济总量较小，经济发展有待提高但经济总量较低，三大城市群（圈）在经济增长的同时要注重产业结构的调整升级，加快需求消费的转型升级以及外资的引入与进出口的速度。通过三大城市群（圈）经济指标以及经济密度的比较可知，城市群内城市的发展存在不均衡状态，城市发展之间存在着差距，合肥、芜湖等城市的经济发展较好，经济实力较强，在作为区域中心城市，自身的辐射带动作用还较弱，对周边城市的发展带动作用较小。皖北城市群中城市的发展缓慢，经济较为落后，区域中心城市的辐射作用相对较弱。

二、政策建议

（一）加大对外开放力度，挖掘经济增长潜力

安徽省整体上对外开放程度不高，所以应在扩大外贸方面进行改善。发挥政府的主导作用，适当拓宽外资领域，优化外资结构向高新技术产业发展。通过政策制定，为外商直接投资创造条件。同时，应重视进出口结构的优化，对污染大、附加值低的产业进行限制。鼓励企业积极参与国际市场竞争，提升对外开放水平。最后，促进产城融

合。结合皖江城市带承接产业转移示范区、合芜蚌自主创新综合配套改革试验区和国家技术创新工程试点省建设，实现城镇化与工业化有机发展，实现城市布局和产业布局相融合。

（二）发挥核心城市溢出效应，促进城镇体系合理化发展

安徽省的城镇化呈现中心城市带动不足，城市群辐射能力不均，省域各中心城市尚未形成合理分工、紧密关联的网络化体系，都市圈、城市圈、城市组群协同性发展能力较弱，中心城市的综合竞争力有待提高。增强中心城市的辐射带动力，促进人口、资源与环境的空间均衡，助推传统产业的转型升级，培育高新技术产业与新兴战略性产业，缩短区域差距，实现区域均衡的可持续发展。合肥作为安徽省的省会城市，加快合肥现代化城市的建设，增强合肥的辐射带动力，形成“创新—引领—示范—辐射—带动—协调”的高质量发展新格局，为周边欠发达的地区提供资源要素，承接和发展优势产业，带动周边地区发展，协调区域间均衡发展。

（三）加强城市间联系，推动区域联动发展

对于安徽省城市来说，不同区域之间应实行差别化战略。各城市要充分利用自身优势并加强与周边城市的联系，实现区域联动发展。在城市间形成合理的产业分工和合作，以推进安徽省经济一体化进程。如皖北的淮北市拥有丰富的煤炭资源，蚌埠市要充分发挥其老工业基地和便捷的交通运输体系，将皖北经济圈联系起来，为省内其他城市和全国输送能源。皖西南地区应利用旅游业的自身优势，重点发展旅游业，加大基础设施建设力度，解决山区自然环境拥堵问题，加强与皖北之间的联系，利用各自优势发展相关产业，扩大区域经济发展规模，实现安徽省的整体经济水平提升。同时各地应该发展高新技术，增加传统产业的附加值，提高区域合作水平。

（四）优化产业结构，打造特色产业

安徽城市发展中的突出问题是产业结构不合理、产业同质化现象严重，要合理安排城市产业布局，做大做强优势产业。在发挥各地区产业优势和特色的前提下，统筹制定产业发展规划，分析不同城市的产业优势，制定优势互补和错位发展的产业布局政策。合肥市作为省

会，同时也是安徽省经济、政治和文化中心，具备雄厚的综合经济发展实力，应继续提升城市竞争力，发挥辐射作用，带动其他城市发展，在扩大经济规模的同时，更应偏重第三产业的发展。以创新驱动调整产业转型的步伐，坚持新进制造业与服务业协同发展，发展战略性新兴产业，改造提升传统产业，打造优势产业集群，加快形成以创新型产业为主导、生产型服务业为支撑的高密度产业群，推动经济均衡发展。

（五）完善基础设施建设，构建一体化交通走廊

安徽省区位条件明显，交通运输在国家交通运输网络中占有重要的地位和作用，要加快构建内外通畅、布局合理、绿色高效的综合交通运输体系。安徽省三大城市群（圈）中，合肥的基础设施建设与交通网络建设比较完善，要完善以合肥为中心的交通网络，构建合肥—安庆—九江铁路、宁合汉铁路干线、亳州—蚌埠城际铁路、淮北—宿州—阜阳等城际铁路。公路方面，完善省干线公路网和农村干线公路网，重点推进巢湖—马鞍山、合肥—蚌埠—淮北—宿州、阜阳—淮北—徐州等高速公路的建设。积极推进合肥成为全国性交通运输枢纽，加强安庆、芜湖、铜陵、马鞍山、蚌埠、阜阳等区域交通枢纽功能，构建立体化交通走廊，加强交通对城市群发展的支撑带动作用。加大基础设施建设力度，尤其是信息网络构建，完善区域一体化网络布局。

参考文献

[1] 安徽省统计局．安徽省统计年鉴 2018 [M]．北京：中国统计出版社，2018.

[2] 中国统计局．中国统计年鉴 2018 [M]．北京：中国统计出版社，2018.

[3] 江苏省统计局．江苏省统计年鉴 2018 [M]．北京：中国统计出版社，2018.

[4] 浙江省统计局．浙江省统计年鉴 2018 [M]．北京：中国统计出版社，2018.

[5] 上海市统计局．上海市统计年鉴 2018 [M]．北京：中国统计出版社，2018.

[6] 四川省统计局．四川省统计年鉴 2018 [M]．北京：中国统计出版社，2018.

[7] 贵州省统计局．贵州省统计年鉴 2018 [M]．北京：中国统计出版社，2018.

[8] 云南省统计局．云南省统计年鉴 2018 [M]．北京：中国统计出版社，2018.

[9] 重庆市统计局．重庆市统计年鉴 2018 [M]．北京：中国统计出版社，2018.

[10] 湖北省统计局．湖北省统计年鉴 2018 [M]．北京：中国统计出版社，2018.

[11] 湖南省统计局．湖南省统计年鉴 2018 [M]．北京：中国统计出版社，2018.

[12] 江西省统计局．江西省统计年鉴 2018 [M]．北京：中国统计出版社，2018.

[13] 河南省统计局．河南省统计年鉴 2018 [M]．北京：中国统计出版社，2018.

[14] 山西省统计局．江西省统计年鉴 2018 [M]．北京：中国统计出版社，2018.

[15] 朱道才，姚丽敏．安徽和谐城市竞争力实证研究 [J]．华东经济管理，2009，23 (2)：15 - 19.

[16] 杨方文，杨子浩．安徽省城市竞争力评价 [J]．合作经济与科技，2018，586 (11)：48 - 50.

[17] 姚玉琼，李刚．新常态下安徽城市经济增长潜力研究 [J]．嘉兴学院学报，2016，28 (5)：70 - 77.

[18] 张亮，赵雪雁，张胜武，等．安徽城市居民生活质量评价及其空间格局分析 [J]．经济地理，2014，34 (4)：84 - 90.

[19] 李荣华，康乐．乡村振兴背景下城乡融合发展的体制改革效应——基于跨时段省管县改革的实证检验 [J]．河南师范大学学报（哲学社会科学版），2018，45 (6)：24 - 29.

[20] 汪厚庭．中国农村改革：从城乡二元到城乡融合 [J]．现代经济探讨，2018 (6)：169 -173.

[21] 陈丹，张越．乡村振兴战略下城乡融合的逻辑、关键与路径 [J]．宏观经济管理，2019，421 (1)：63 - 70.

[22] 李爱民．我国城乡融合发展的进程、问题与路径 [J]．宏观经济管理，2019 (2)：

35 - 42.

[23] 郭海红，张在旭．新型城镇化与生态环境响应度的区域差异研究［J］．宁夏社会科学，2018，212（6）：86 - 96.

[24] 肖攀，苏静．城镇化对生态环境质量影响的实证研究——以环洞庭湖区为例［J］．财经理论与实践，2019，40（1）：152 - 157.

[25] 黄宝荣，刘宝印，洪志生，等．我国生态环境质量拐点综合研判［J］．中国科学院院刊，2018，33（10）：76 - 86.

[26] 罗晓霞，熊图展，胡扬名，等．乡村振兴建设中的农村金融生态质量及监管的实证分析——以湖南省为例［J］．湖北社会科学，2018，379（7）：61 - 68.

[27] 马子红，张诗彬．城市服务业发展与经济增长——基于中国地市的经验证据［J］．经济问题探索，2019（1）：38 - 46.

[28] 周加来，李强．2017 安徽城市竞争力“龙虎榜”［J］．决策，2018，342（8）：34 - 36.

[29] 周加来，李强．2016 安徽城市竞争力“龙虎榜”［J］．决策，2017（7）：46 - 48.

[30] 易高峰，刘成．江苏省城市创新能力的地区差异及影响因素分析［J］．经济地理，2018，38（10）：155 - 162.

[31] 王越，王承云．长三角城市创新联系网络及辐射能力［J］．经济地理，2018，38（9）：130 - 137.

[32] 黄国妍，刘江会，姜鑫涛，等．基于复杂网络分析方法的国内外主要城市竞争力比较研究［J］．城市发展研究，2019，26（1）：38 - 46.

[33] 田美玲，方世明．汉江流域中心城市竞争力的评价及时空演变［J］．统计与决策，2016（9）：103 - 106.

[34] 谢贤健，张彬．四川省城市竞争力的评价及时空演变［J］．干旱区地理，2016，39（4）：877 - 885.

[35] 时吉光，魏洁云．基于产业集群战略的城市竞争力提升研究［J］．资源开发与市场，2016，32（4）：459 - 463.

[36] 周慧．中部地区地市新型城镇化水平测度及其空间格局演变［J］．池州学院学报，2018，32（5）：70 - 74.

[37] 周慧．中部地区城镇化发展：现状、困境及对策［J］．安徽广播电视大学学报，2018（3）：15 - 21.

[38] 沈威，杜巧艳，李永贺，等．长江经济带新型城镇化时空格局演变及影响因素研究[J]．华中师范大学学报（自然科学版），2017，51（04）：534 - 541.

[39] 王植．基于土地流转视角的长株潭地区城乡一体化空间组织研究［D］．长沙：湖南师范大学，2017.

[40] 彭迪云，刘畅，宋一凡．长江经济带新型城镇化水平评价与时空演变分析［J］．统计与决策，2016（18）：87 - 90.

[41] 高涛涛，张仲伍，任秀芳，等．中部地区新型城镇化质量时空演变——以山西省为例

[J]．山西师范大学学报（自然科学版），2016，30（1）：67-74.

[42] 沈国俊，朱洪兴，崔佳．河南省新型城镇化时空格局演变及驱动因素［J］．科技与管理，2014，16（6）：23-29.

[43] 彭冲，陈乐一，韩峰．新型城镇化与土地集约利用的时空演变及关系［J］．地理研究，2014，33（11）：2005-2020.

[44] 涂建军，何海林．重庆市新型城镇化测度及其时空格局演变特征［J］．西南大学学报（自然科学版），2014，36（6）：128-134.

[45] 邬冰．沈阳经济区新型城镇化发展的时空演变及现状分析［J］．辽东学院学报（社会科学版），2013，15（3）：79-85.

[46] 方创琳．改革开放40年来中国城镇化与城市群取得的重要进展与展望［J］．经济地理，2018，38（9）：1-9.

[47] 宋冬林，姚常成．改革开放四十年：中国城镇化与城市群的道路选择［J］．辽宁大学学报（哲学社会科学版），2018，46（5）：45-52.

[48] 王颂吉，黎思灏．改革开放以来中国城镇化的规模扩张到质量提升［J］．江西社会科学，2018，38（8）：65-75.

[49] 李季刚，孟玉龙．推进我国新型城镇化内涵式发展［J］．中国党政干部论坛，2017（8）：94-95.

[50] 范瑞滨．中国新型城镇化之路怎么走［J］．人民论坛，2017（16）：68-69.

[51] 仇保兴．新型城镇化：从概念到行动［J］．行政管理改革，2013（5）：11-18.

[52] 吴江，王斌，申丽娟．中国新型城镇化进程中的地方政府行为研究［J］．中国行政管理，2009（3）：88-91.

[53] 沈清基．论基于生态文明的新型城镇化［J］．城市规划学刊，2013（1）：29-36.

[54] 胡际权．中国新型城镇化发展研究［D］．重庆：西南农业大学，2005.

[55] 姚士谋，张平宇，余成．中国新型城镇化理论与实践问题［J］．地理科学，2016，34（6）：641-647.

[56] 倪鹏飞．新型城镇化的基本模式、具体路径与推进对策［J］．江海学刊，2013（1）：87-94.

[57] 张占斌．新型城镇化的战略意义和改革难题［J］．国家行政学院学报，2013（1）：48-54.

[58] 单卓然，黄亚平．"新型城镇化"概念内涵、目标内容、规划策略及认知误区解析［J］．城市规划学刊，2013（2）：16-22.

[59] 方超，盛旗锋，李少付．基于引力模型的皖北城市经济联系研究［J］．地域研究与开发，2018，37（2）：25-28+35.

[60] 唐建兵，陈艳丽．论皖北"四化"统筹发展的作用机理与推进方略［J］．淮北师范大学学报（哲学社会科学版），2018，39（3）：16-21.

[61] 李刚，岳悦．合肥都市圈中心城市经济联系强度空间格局测度［J］．山东理工大学学报

（社会科学版），2018，34（6）：18-24.
[62] 陈宜海．合肥都市圈产业协同性研究［D］．合肥：安徽大学，2017.
[63] 方超，盛旗锋，李少付．基于引力模型的皖北城市经济联系研究［J］．地域研究与开发，2018，37（2）：25-28＋35.
[64] 廖海业．融入“长三角”领跑安徽省——加快建设皖江经济带［J］．党史纵览，2018，357（12）：13-15.
[65] 许昆，周娟．皖江城市带人力资本承载力比较分析［J］．合作经济与科技，2018，592（17）：38-40.
[66] 苗洪亮，周慧．中国三大城市群（圈）内部经济联系和等级结构的比较——基于综合引力模型的分析［J］．经济地理，2017，37（6）：52-59.
[67] 李敬科．我国主要城市综合发展水平评价［J］．合作经济与科技，2016（10）：59-60.
[68] 周正柱．长江经济带高质量发展面临的挑战与政策建议［N］．中国科学报，2018-11-12.
[69] 邓宏兵．以绿色发展理念推进长江经济带高质量发展［J］．区域经济评论，2018，36（6）：4-7.
[70] 陈杰，胡澜．中国特色社会主义生态文明建设的实现路径［J］．学理论，2018（1）：19-21.
[71] 彭玉婷．产城融合视角下的特色小镇发展路径研究——以安徽为例［J］．安徽科技，2017（11）：30-32.

图书在版编目（CIP）数据

安徽城市发展研究报告 2019/周加来，周慧著．—合肥：合肥工业大学出版社，2019.7

（安徽财经大学服务安徽经济社会发展系列研究报告 2019）

ISBN 978-7-5650-4554-7

Ⅰ.①安…　Ⅱ.①周…②周…　Ⅲ.①市建设—研究报告—安徽—2019
Ⅳ.①F299.275.4

中国版本图书馆 CIP 数据核字（2019）第 140926 号

安徽城市发展研究报告 2019

周加来　周　慧　著　　　　责任编辑　刘　露

出　版	合肥工业大学出版社	版　次	2019 年 7 月第 1 版
地　址	合肥市屯溪路 193 号	印　次	2019 年 7 月第 1 次印刷
邮　编	230009	开　本	710 毫米×1010 毫米　1/16
电　话	综合编辑部：0551-62903028	印　张	11.5
	市场营销部：0551-62903198	字　数	155 千字
网　址	www.hfutpress.com.cn	印　刷	合肥现代印务有限公司
E-mail	hfutpress@163.com	发　行	全国新华书店

ISBN 978-7-5650-4554-7　　　　总定价：330.00 元